NOUVELLE COLLECTION MOLIÉRESQUE

—

V

NOTES ET DOCUMENTS

SUR L'HISTOIRE DES

THÉATRES DE PARIS

TIRAGE

550 exemplaires sur papier vergé (N°ˢ 41 à 590).
  20   —   sur papier de Chine (N°ˢ 1 à 20).
  20   —   sur papier Whatman (N°ˢ 21 à 40).

590 exemplaires, numérotés.

N° *378*.

NOTA. — Nous avons dû, dans la crainte de voir décompléter des collections, augmenter de 250 exemplaires le tirage de ce volume, dont les amateurs attendent depuis longtemps la publication, et qui s'adresse à un plus grand nombre de personnes.

NOTES ET DOCUMENTS

SUR L'HISTOIRE DES

HÉATRES DE PARIS

AU XVIIᵉ SIÈCLE

PAR

JEAN NICOLAS DU TRALAGE

EXTRAITS, MIS EN ORDRE ET PUBLIÉS

D'APRÈS LE MANUSCRIT ORIGINAL

PAR LE BIBLIOPHILE JACOB

Avec une Notice sur le Recueil du sieur du Tralage

PARIS

LIBRAIRIE DES BIBLIOPHILES

Rue Saint-Honoré, 338

—

M DCCC LXXX

PRÉFACE

On *a ignoré jusqu'en 1857 ce que le recueil manuscrit de M. du Tralage était devenu; on ne savait pas même exactement ce que ce recueil pouvait être. On le connaissait seulement par cette note des frères Parfait, insérée dans le tome X de leur* Histoire du Théatre-François, *page 74 :* « *Si l'on en croit les Mémoires manuscrits de M. de Tralage* (article 77 du vol. in-4 QQ, 688), *Molière avoit commencé de jouer la comédie, en province, sur la fin de l'année 1645. Ce fut à Bordeaux qu'il fit son coup d'essai, où M. d'Épernon, qui étoit alors gouverneur de la province, le goûta et l'honora de son amitié.* » *Cette note, qui constatait un fait nouveau, très important dans l'histoire de la vie de Molière, avait dû*

a

préoccuper tous les biographes de notre illustre comique, et beaucoup d'entre eux s'étaient mis à la recherche des Mémoires manuscrits de M. de Tralage. *Taschereau avait supposé que ces Mémoires devaient être anciennement dans la bibliothèque de l'abbaye de Saint-Victor, à laquelle M. du Tralage, et non de Tralage, légua, vers 1710, des* Mémoires géographiques. *Piganiol de La Force dit, en effet, dans sa* Description historique de la ville de Paris (2° édit., tome V, p. 285) : « *M. du Tralage lui a légué le plus beau recueil de cartes et de mémoires géographiques, qu'il y ait peut-être au monde. Le goût que ce savant homme avoit toujours eu pour cette sorte d'érudition, l'étude solide qu'il en a faite, et les grands succès que ses grandes recherches et ses dépenses extraordinaires lui avoient fournis, rendoient ce recueil digne de la Bibliothèque de Louis-le-Grand.* »

Il paraissait donc probable que la note publiée en 1747 par les frères Parfait était empruntée au recueil de Mémoires géographiques de M. du Tralage. Mais ce recueil, qu'était-il devenu depuis la dispersion de la bibliothèque de l'abbaye de Saint-Victor? Lors de la suppression des couvents, les livres de cette bibliothèque avaient été versés en 1791 dans un des immenses dépôts que le gouvernement avait établis à Paris pour y rassembler les éléments de la formation des bibliothèques publiques de la capitale. Quant aux manuscrits provenant de la même bibliothèque, ils étaient entrés pour la plupart à la Bibliothèque du roi, et l'on ne trouvait pas parmi eux le recueil des Mémoires manuscrits *de M. du Tralage, mentionné par les frères Parfait, avec une indication qui donnait à croire que ce recueil aurait eu au moins 41 volumes, puisque le volume cité portait, en guise de numérotage, une lettre de l'alphabet deux fois répétée :* QQ. *Les recherches minutieuses faites en dernier lieu par Beffara et Taschereau n'avaient abouti qu'à laisser peu d'espérances et beaucoup de regrets.*

Le nom de Tralage *ne figurait dans aucun Dictionnaire biographique, mais la Table de la* Bibliothèque historique de la France, *édition de Fevret de Fontette, ne l'avait pas omis, en renvoyant au nom de* Nicolas, *qui devait être le nom patronymique de notre du Tralage, Jean* Nicolas *du Tralage, lequel a publié, sous le pseudonyme du sieur Tillemen, une* Description géographique du royaume de France, contenant ses principales divisions géographiques (Paris,

1693, in-12). *Ce n'est pas dans cette Description géographique qu'il était question de Molière jouant la comédie à Bordeaux en 1645, sous les auspices du duc d'Épernon.* La MÉTHODE POUR ÉTUDIER LA GÉOGRAPHIE, *par Lenglet du Fresnoy* (4ᵉ édit. de 1768, t. Iᵉʳ, p. 171 et 272), *n'avait pas oublié de signaler M. du Tralage comme un des meilleurs géographes de son temps :* « *Les cartes données par le sieur Nolin le père ne manquent pas d'exactitude, surtout celles qui portent le nom du sieur Tillemen, c'est-à-dire de M. du Tralage.* » *Ces cartes sont mentionnées dans la* BIBLIOTHÈQUE HISTORIQUE DE LA FRANCE : *il y a deux cartes de la France, une carte du Dauphiné et une carte du Languedoc. Lenglet du Fresnoy fait en ces termes l'éloge de la* DESCRIPTION GÉOGRAPHIQUE DE LA FRANCE : « *Cette Description de la France est très utile et dans un assez bel ordre, et, quoique fort succincte, elle donne un assez grand détail. M. du Tralage, qui se cachoit sous le nom de Tillemen, étoit très habile dans la géographie, dont il avoit fait son étude principale. Il a laissé ses beaux recueils à l'abbaye de Saint-Victor de Paris.* » *Toujours la géographie et les beaux recueils géographiques de M. du Tralage, mais de Molière, pas un mot.*

Il n'y avait pas même de renseignements sur la personne de Jean-Nicolas du Tralage. On pouvait toutefois supposer qu'il était déjà vieux en 1693, lorsqu'il fit paraître sa Description géographique de la France, *car en 1672 il ajoutait des notes, toujours géographiques, sous son fidèle pseudonyme de Tillemen, à une édition variorum de* Tite-Live (Parisiis, 1672, 3 vol. in-12). *Il était donc contemporain de Molière; il l'avait peut-être connu. Là s'arrêtaient les constatations et les conjectures. Mes recherches ne furent pas d'abord plus heureuses que celles de Beffara et de Taschereau, si ce n'est que je découvris, je ne sais où, que M. du Tralage était parent du lieutenant de police La Reynie. Je me rappelai alors que l'exemplaire non cartonné des Œuvres de Molière, édition de 1682, que M. de Soleinne possédait, avait appartenu à M. de La Reynie, d'où l'on devait présumer que La Reynie était un moliériste raffiné, puisqu'il avait conservé dans sa bibliothèque un exemplaire unique de la première édition complète des Œuvres de Molière.*

C'est en 1856 que je commençai à examiner des amas de pièces imprimées, françaises et latines, que mes prédécesseurs à la Bibliothèque de l'Arsenal avaient réunies et brochées par fascicules, avec l'intention de les classer ainsi dans les rangs, au milieu des livres reliés. Toutes ces pièces, la plupart en vers, provenaient d'un recueil in-4 qu'on avait dépecé, dans le but de les coordonner par ordre de matières. Je remarquai çà et là des fascicules parmi lesquels se trouvaient des pages manuscrites portant en tête le mot ARTICLE, suivi d'un numéro d'ordre. Puis, presque en même temps, je mis la main sur des volumes de Mélanges manuscrits, qu'un conservateur de notre Bibliothèque, Pierre Varin, avait préparés pour la reliure, en les paginant de sa main. Je n'eus pas plutôt jeté les yeux sur ces Mélanges, dont chaque fascicule était numéroté par ARTICLE, que je reconnus le recueil de Tralage, cité dans L'HISTOIRE DU THÉATRE FRANÇOIS des frères Parfait. Il me fut facile de recréer en idée l'ordonnance primitive de ce recueil, qui avait été composé, dans l'origine, d'une immense réunion factice de pièces imprimées et d'un petit nombre de pièces et de notes manuscrites, que le collecteur groupait ensemble au hasard, à mesure qu'il écrivait les unes et qu'il se procurait les autres, en les expliquant, en les complétant par leur voisinage et leur analogie. Mon premier soin *fut de rechercher, dans ces Mélanges manuscrits paginés par Varin, le passage relatif à Molière publié par les frères Parfait, et, dès que je l'eus trouvé textuellement, je constatai avec joie que j'avais découvert le célèbre recueil des Mémoires manuscrits de M. du Tralage, ou du moins tout ce qui en restait.*

C'est à Taschereau que je donnai la première nouvelle de cette heureuse découverte, en lui communiquant ce qui concernait Molière et sa troupe : ces renseignements étaient fort intéressants, quoique peu nombreux et peu étendus. Il m'en sut beaucoup de gré, et ne manqua pas de m'en remercier, quand il fit usage de ma communication dans sa belle notice sur Molière, écrite exprès pour l'édition des Œuvres qu'il préparait, avec son ami Chaudey, pour la librairie Furne. De ce moment, les précieuses notes de M. du Tralage furent acquises à l'histoire du théâtre.

Ce sont ces notes que j'ai voulu rassembler et mettre au jour, comme un hommage à la mémoire de Molière. Elles ont une grande valeur, car elles touchent à certains détails, jusqu'alors ignorés, de la vie de l'auteur dramatique et du comédien ; elles se recommandent par leur ca-

ractère de vérité plutôt que par leur nouveauté et leur abondance. Il en ressort, à notre avis, que M. du Tralage avait Molière en haute estime et qu'il devait l'avoir connu personnellement. Ces notes renferment aussi de piquantes révélations sur les acteurs contemporains de notre grand comique. Elles étaient éparses dans le recueil original, et il a fallu les en extraire, de côté et d'autre, pour les condenser, pour ainsi dire, sous trois titres qui forment trois divisions, se rapportant au théâtre pendant la seconde moitié du XVIIe siècle : La Comédie Française, la Comédie-Italienne et l'Opéra. On aura ainsi tout ce que M. du Tralage a écrit ou recueilli sur l'histoire des théâtres en France.

P. L. JACOB, *bibliophile.*

THÉATRE FRANÇAIS

Le Sr Moliere commença à jouer la comédie à Bourdeaux en 1644 ou 45. M. d'Espernon estoit pour lors gouverneur de Guienne. Il estimoit cet acteur, qui lui paroissoit avoir de l'esprit : la suite a fait voir qu'il ne se trompoit pas. Lorsque le roy estoit le plus amoureux de Mlle de La Vallière, il la vouloit régaler de temps en temps de quelque nouveau spectacle : c'est pourquoi il pressoit extremement Moliere, qui travailloit nuit et jour, et, dès qu'une scene estoit composée, il l'envoyoit aussitost à l'acteur ou à l'actrice qui la devoit représenter, pour l'apprendre par cœur. C'est une merveille comment il n'y a pas plus de deffauts dans ces pieces, eu égard à la précipitation avec laquelle elles ont esté faites. Tout autre que Moliere y auroit échoué; mais il avoit un art de donner de l'agrement aux moindres choses, parce qu'il les plaçoit avec esprit.

Moliere estant mort, on choisit pour jouer ses rolles de comique le Sr Rosimond, que l'on tira de la troupe du Marais, à Paris. Après lui, le Sr Raisin le jeune, autrement le *petit Moliere*, lui a succédé et a plû à tout le monde. Depuis sa mort, on n'a trouvé personne qui put bien jouer tous ses rolles. On en a donné quelques-uns au Sr Guérin, mari de la veuve de Moliere. On est content de lui dans les rolles de *l'Avare* et du *Grondeur*. D'autres ont esté donnés au S^r de La Toriliere, qui plait fort. On a pris un nouveau comique, d'une troupe de campagne: on l'appelle du Mont. Il a environ quarante ans. Il joue d'une maniere trop rustique, brusque, et qui n'est bonne qu'au village. Il n'y a rien de fin ni de spirituel, comme avoit Raisin, dans son jeu. On sera obligé de s'en passer, faute de mieux. Le bon homme du Perier, avec son air doucet, a joué pendant quelque temps le role de George Dandin et d'autres, mais le parterre l'a tant sifflé qu'il a esté obligé de quitter la partie et de laisser faire cela à La Toriliere.

Le S^r de La Toriliere, que l'on estime tant aujourd'hui, estoit autrefois un pauvre acteur. Son pere, qui estoit un des principaux de l'hostel de Bourgogne, fit ce qu'il put pour le faire mettre dans la troupe. Il joua plusieurs rolles et ne plut pas. C'est pourquoi il fut obligé d'aller apprendre son mestier avec des comédiens de campagne. Maintenant il est les délices du parterre : une piece n'est pas bonne s'il n'y paroit. Tous les autres tremblent devant le parterre et craignent les sifflets, et lui, au contraire, gourmande le parterre, fait trouver beaucoup de choses bonnes qu'on ne souffriroit pas dans un autre. Son vray nom est Le Noir, sieur de La Toriliere; sa propre sœur est la femme du sieur Dancourt. Pour faire plaisir à ses amis qui ont de l'argent, il a rendu sa sœur traitable pour leur accorder des faveurs : il aime les plaisirs et la bonne chere. Sa femme, Colombine, la principale actrice des comédiens italiens, et fille du deffunt Arlequin, est fort ménagere, comme son pere et sa mere; mais La Toriliere depensera en un jour ou deux ce que sa femme aura épargné en un mois. Il est à craindre que les excès qu'il fait ne le tuent, comme il est arrivé au Sr Raisin, qui est mort jeune par ses débauches.

Les comédiens de campagne gastent quelquefois de bons acteurs, témoin mademoiselle Belonde, femme du Sr Le Comte : elle est née à Paris, cependant elle a un accent provincial approchant du gascon, dont elle n'a pu se deffaire estant retournée à Paris, parce qu'elle avoit contracté ce deffaut en la compagnie des comédiens de campagne. Mʳ de Corneille l'avoit choisie pour jouer les premiers rolles de ses tragedies, et Mᵐᵉ de Champmeslé avoit ceux des pieces de Mʳ Racine : présentement elle est à la pension ; elle ne peut plus jouer, à cause de ses infirmitez, qui proviennent d'une fausse couche qu'elle fit il y a quelques années.

Le Sʳ Le Comte, son mari, est un fort honeste homme ; il est le tresorier de la troupe françoise. Méchant acteur dans le sérieux, on le souffre dans le comique pour faire des rolles de conseiller, de commissaire, de gentilhomme de campagne, gardeur de dindons. Il n'a pas la mémoire heureuse, et ne songe pas toujours à ce qu'il fait. Ses distractions continuelles sont la marque de son petit génie, qui ne s'applique pas et qui est sans vivacité.

Mademoiselle du Clos, ou Chasteauneuf, est une grosse fille qui se porte bien, aimant la joye. L'on dit qu'elle sait accorder Venus et Bacchus ; elle est assez bien faite, la peau fort blanche ; elle chante un peu, mais sa voix n'est pas très forte. Si elle continue à engraisser, on ne la pourra souffrir dans quelques années. C'est une actrice de génie médiocre. Elle n'a point la timidité de Mᵐᵉ Clavelle. — Aussi, dit-on qu'elle (Mᵐᵉ Clavelle?) a plus d'expérience, en octobre 1695.

Le Sr Angelo (c'est le docteur Balouardo de la Comédie italienne à Paris, 1690) m'a dit qu'il avoit veu à Parme une piece de théatre ou opéra fort extraordinaire. Le machiniste fit, par le moyen de quelques roulettes, retirer tout le parterre sous l'amphithéatre: le parterre étoit chargé de plus de mille personnes. Il y avoit, entre autres, le duc de Parme et toute sa cour. Personne n'en receut aucune incommodité. Les musiciens, qui étoient dans l'orchestre au devant du théatre, furent, par une machine, mis au dessous du théatre; après cela, tout le parterre fut inondé de sept pieds d'eau environ, et il y eut un combat naval à la maniere romaine. Cela fait, les combattants sortirent de leurs vaisseaux et monterent sur des escaliers que le machiniste fit sortir aux deux costez du théatre, et ils firent un nouveau combat sur terre en cadence, et l'eau sortit du parterre, et tout fut remis aussitost en son premier estat, sans incommodité des spectateurs. Il n'y eut que vingt-quatre Suisses employez pour cette machine.

Il a veu une autre machine très extraordinaire, dans un opéra de Venise. Lorsque l'on fut prest de commencer, on leva la toile à demi, qui ne laissoit voir que les murailles de la salle, sans

Contraste insuffisant

NF Z 43-120-14

aucun théatre. Un acteur vint faire un compliment à l'assemblée, disant qu'on ne pouvoit représenter, ce jour-là, par la faute du machiniste, qui à l'heure qu'il estoit n'avoit pas même eu soucy de faire dresser un théatre, et il promet que l'on rendra l'argent. Et cependant il descendit d'en haut un théatre magnifique. Aussitost on acheva de lever la toille, et le bruit cessa. Il y eut en peu de temps cinq decorations différentes. Cette machine est du $\mathcal{S}^r$......., que Lulli avoit fait venir pour les opéras de Paris et qui fit la belle machine du *Triomphe de l'Amour*. Il seroit resté en France si le Sr Lulli lui avoit voulu donner cinq mille livres tous les ans; mais Lulli ne voulut pas aller au delà de mille escus. Depuis ce temps-là on n'a pas eu de machines singulieres à l'Opéra. On dit que ce machiniste a deux deffauts considérables : l'un, qu'il n'est jamais content de ce qu'il fait, et lorsqu'une machine semble preste, il la fait rompre, ce qui augmente la dépense, etc.; l'autre, c'est qu'il ne sait pas donner les lumieres comme il faut.

Le Sr Angelo a veu aussi à Venise une machine surprenante. Le théatre representoit diverses pyramides et d'autres monumens de victoires à l'honneur de Scipion. Les Furies sortent de l'enfer, renversent tout, et le théatre ne paroit plus représenter qu'un amas de ruines. Les loges, qui auparavant représentoient une architecture agréable, changent tout à coup et semblent estre ensevelies dans des débris; le parterre tremble comme si c'étoit un tremblement de terre veritable. A la premiere representation, il se fit un cri épouvantable de tous les spectateurs, qui ne s'attendoient à rien de semblable; ils croyoient que la salle alloit abismer : personne n'en fut incommodé.

A Naples, on aime tellement la comédie que la plupart des artisans épargnent sur leur manger pour avoir de quoi aller à la comédie et avoir pour acheter du tabac.

La comédie de *Jason*, qui fut jouée par les comédiens italiens à l'hostel de Bourgogne, à Paris, l'an 167., est de M. de Fatouville. Il y avoit à la fin une machine surprenante de plusieurs cascades et de quarante jets d'eau naturelle de diverses hauteurs. M. de Fatouville en donna la pensée, mais le S' Angelo a fait exécuter la chose. Cela a cousté au moins cinq cens pistoles à la troupe, qui a beaucoup gagné là-dessus.

Le S' Angelo m'avoit dit, quelque temps auparavant, que le S' Moliere, qui étoit de ses amis, l'ayant un jour rencontré dans le jardin du Palais-Royal, après avoir parlé de nouvelles de théatre et d'autres, le S' Angelo lui dit qu'il avoit veu représenter en italien, à Naples, une piece intitulée le *Misanthrope*, et que l'on devroit traitter ce sujet. Il lui en rapporta tout le sujet, et même quelques endroits particuliers qui lui avoient paru remarquables, et, entre autres, le caractere d'un homme de cour fainéant qui s'amuse à cracher dans un puis pour y faire des ronds. Moliere l'écouta avec beaucoup d'attention, et, quinze jours après, le Sr Angelo fut surpris de voir, dans l'affiche des comédiens françois où étoit Moliere, qu'ils promettoient le *Misanthrope*, comédie de M. de Moliere; et trois semaines en tout, au plus tard un mois après, on représenta cette piece. Je lui répondis là-dessus qu'il n'estoit pas possible qu'une aussi belle piece que celle-là, en cinq actes, et dont les vers sont fort beaux, eût esté faite en aussi peu de temps. Il me répondit là-dessus que cela paroissoit incroyable, mais qu'il n'en doutoit point, parce qu'il le savoit d'original, et que tout ce qu'il venoit de me dire estoit très véritable, n'ayant aucun intérest en cette piece pour déguiser la vérité.

Moliere estimoit fort Scaramouche pour ses manieres naturelles; il le voyoit jouer fort souvent et il lui a servi à former les meilleurs acteurs de sa troupe.

Les comédiens italiens faisoient autrefois leurs pieces eux-mêmes, lorsqu'elles estoient entierement italiennes. Un d'entre eux, comme le docteur, ou Cynthio, ou Scaramouche, faisoit en gros le sujet de la piece, distribuoit les actes et les scenes, puis chaque acteur en particulier composoit son rôle.

※

Les deux troupes de comédiens françois à Paris ayant eu ordre de se joindre ensemble, ceux de l'hostel de Bourgogne ont cédé leur lieu aux Italiens et jouent tous les jours sur le théatre du faubourg Saint-Germain. (*Mercure galant,* aoust 1680, page 332.)

Les comédiens françois à Paris ont receu deux nouveaux acteurs, le Sr Roselie et le Sr Sevigné, en avril 1688, à la place du S^r de La Tuillerie, qui estoit mort quelque temps auparavant. Je leur ai veu représenter le *Polyeucte* de M. de Corneille, où ils furent applaudis d'une grande assemblée. Roselie jouoit le rôle de Polyeucte, et Sevigné representoit Severe, à la place de Baron. Depuis ce temps, le Sr de Sevigné, accablé de dettes, a quitté la troupe. On l'a vu à Mons, joint à une troupe de campagne. Il n'est point regretté.

Le Sr du Croisy estoit de la troupe françoise

de Moliere. Il y avoit certains rolles où il estoit original, entre autres celui de Tartuffe, où il avoit esté instruit par son grand maistre : je veux dire Moliere, auteur de la piece. Quelque temps après la mort de Moliere, estant gouteux, il se retira à Conflans-Sainte-Honorine, qui est un bourg près de Paris, où il avoit une maison. Ses amis l'y alloient voir. Il y vescut en fort honneste homme, se faisant aimer de tout le monde, et entre autres du curé, qui le regardoit comme un de ses meilleurs paroissiens. Il y mourut, et le curé en fut si fort touché qu'il n'eut pas le courage de l'enterrer, et il pria un autre curé de ses amis de faire les cérémonies à sa place, à ce que m'a dit M. Guillet de Saint-George en octobre 1695. Il avoit une fille qui a épousé le fils du Sr Poisson. Elle s'est retirée aussi de la troupe ; elle avoit quelquefois de la peine à éviter les sifflets du parterre.

Le vrai nom du S^r de La Grange, comédien françois, estoit Beauvarlet, natif d'Amiens en Picardie. Il avoit un frere, et, voyant tous deux qu'ils avoient un tuteur qui les chicanoit, ils se firent comédiens en différentes troupes. Après la mort du tuteur, le frere de La Grange quitta la comédie et vint prendre le soin de son bien. Pour ce qui est du S^r de La Grange, il est mort comédien à Paris.

Ceux qui font bien des vers françois écrivent bien aussi en prose. On en peut voir des exemples dans les discours et les préfaces qui sont dans les ouvrages de Mrs Corneille, Racine, Moliere, etc. Mais il y en a, qui écrivent bien en prose, qui ne sçavent point faire des vers, comme M. d'Ablancourt, M. Arnauld, le pere Bouhours, etc. Il seroit difficile de rendre raison de cela, si ce n'est que la nature a partagé différemment les hommes, comme les animaux : le paon a un très beau plumage, mais il ne chante pas comme le rossignol.

Les anciens sont fort grossiers dans leurs amours : il n'y a point de delicatesse ni de sentimens tendres et passionnez; ils débutent par une fille grosse. Il n'y a qu'à lire les comédies de Plaute et de Térence. Leur Jupiter n'estoit amoureux d'une belle qu'autant de temps qu'il en falloit pour lui faire un enfant : il ne se piquoit point de constance. A peine l'enfant estoit-il venu, qu'il avoit une nouvelle maistresse. Il n'y a qu'à lire les *Métamorphoses* d'Ovide. Dans l'*Amphitryon* de Moliere, l'amour d'un amant et celui d'un mari y sont traitez d'une maniere bien différente, mais en mesme temps ingénieuse, spirituelle et vraisemblable. Les anciens ne connoissoient point ces finesses. Comparez l'*Amphitryon* de Plaute et celui de Moliere, et par là vous jugerez du goust different de ces deux auteurs, et combien les manieres des siecles où ils ont vecu estoient différentes. Il y a des choses admirables sur l'amour et l'ambition dans les pieces de Corneille et de Racine. C'est en vain qu'on chercheroit quelque chose de semblable dans tous les poètes anciens, grecs et latins : ils ne sont abondants que sur les moralitez. Les chœurs de leurs tragédies en sont composez; ce sont proprement des *hors-d'œuvre* ou des lieux communs, qui nous ennuyeroient bien. Je voudrois bien que M. Racine ou M. de Longepierre, deux grands admirateurs des Grecs et qui font bien des vers en notre langue, voulussent chacun traduire fidellement et en vers françois une piece d'Euripide et de Sophocle. Qu'ils prennent la plus belle, mais qu'ils soient fidelles à conserver les pensées et les expressions les plus considerables de leurs œuvres; que l'on donne cela à jouer aux meilleurs acteurs qu'ils pourront choisir : je leur garantis qu'ils feront siffler tout le parterre, ou tout au moins qu'il bâillera et s'ennuyera beaucoup; l'on n'y reviendra pas deux fois. Ils me diront que Sophocle et Euripide ont des beautez qui ne se peuvent exprimer en notre langue, et je leur répondrai que je ne veux point estimer un auteur dont les beautez sont ineffables et invisibles. J'ai lieu de croire qu'il sont entestez de l'antiquariat, et qu'ils ne veulent passer pour admirateurs sans raison, de ces auteurs que pour paroître sçavans aux yeux du peuple, qui admire ordinairement ce qu'il n'entend pas.

⁂

Le pere de Vitry, jesuite au college à Paris, est le maitre du fonds de librairie du Sr Barbin, libraire à Paris. Il a ses chefs de magasin, et c'est avec lui que les libraires négotient. Il a un garçon pour cela, qui remplit les mémoires. Lorsque le Sr Barbin en a besoin, il les prend par compte, fait des billets pour la valeur payable au porteur, etc.

⁂

Il y a d'honestes gens dans toutes les conditions, mais ordinairement en petit nombre. Quoyque les comédiens soyent décriez parmy certains caffars, il est certain neanmoins que de mon temps, c'est à dire depuis vingt-cinq ou trente ans, il y en a eu, et même il y en a encore, qui vivoient bien, régulierement et même chrestiennement, sçavoir :

Le S⁺ Moliere;
Le S⁺ de La Grange et sa femme;
Le S⁺ Deviller;
Le S⁺ Poisson le pere et sa femme;
Le S⁺ Beauval et sa femme;
Le S⁺ Floridor;
Le S⁺ Raisin l'aîné;
Mme Raisin, femme du S⁺ Raisin le cadet, autrement Mlle de Longchamp;
Arlequin défunt, sa femme Aularia, et ses deux filles, Isabelle et Colombine;
Le S⁺ Michel Fracasani ou Polichinelle;
Le S⁺ Pierrot;
Le S⁺ Beaumavielle, à l'Opéra;
Le S⁺ Beauchamp, qui composoit autrefois les danses de l'Opéra.

Les principaux debauchez ont esté ou sont encore :

Le S⁺ Baron, grand joueur et satyre ordinaire des jolies femmes;
La femme de Moliere, entretenue à diverses fois par des gens de qualité et séparée de son mari;

Le Sr Champmeslé et sa femme, separez l'un de l'autre par leur débauche. La femme estoit grosse de son galant et sa servante estoit grosse du Sr Champmeslé en mesme temps. Il y auroit de quoy faire un gros livre de leurs aventures amoureuses.

※

M. le maréchal de Grammont disoit, des tragédies de M. Corneille, « qu'il mérite d'être conrvé dans le cabinet des roys ». Pensée qui reient à celle du philosophe. Platon, qui ne recommande point d'autre livre au tyran Denis, pour apprendre la politique, que la comédie d'Aristophane intitulée *les Nues*.

(*Nouvelles de la République des lettres*, may 1684, article 7, page 286.)

※

Sur le Pere Maimbourg, jesuite, et Moliere, comédien.

Un dévot disoit en colere,
En parlant de Tartuffe *et de l'auteur Moliere :*
  « C'est bien à luy de copier

> *Les sermons qui se font en chaire,*
> *Pour en divertir son parterre!*
> — *Paix! lui dis-je, dévot! Il a droit de prescher,*
> *Car c'est un droit de représaille*
> *Que vous ne sauriez empescher.*
> *Ne croyez pas que je vous raille.*
> *Je vais le faire voir aussi clair que le jour,*
> *Et, si vous ne fermez les yeux à la lumière,*
> *Vous verrez que Maimbourg a copié Moliere,*
> *Et que, par un juste retour,*
> *Moliere a copié Maimbourg.*

SUR LA MORT DE LA BELLE DU PARC, COMÉDIENNE A PARIS.

ÉPITAPHE.

> *Cy gist la charmante du Parc,*
> *Qui faisoit dans nos cœurs tant d'amoureuses breches.*
> *L'on voyoit dans ses yeux l'Amour avec son arc*
> *Nous décocher ses flesches.*
> *Mais enfin ces beaux yeux, ces trônes de l'Amour,*
> *Tout vainqueurs qu'ils étoient, sont vaincus à leur tour.*

AUTRE.

> *Cy gist une beauté que l'on regrette fort:*
> *Que si la Mort, cette cruelle,*

Avoit pu seulement rega der cette belle,
  Et qu'elle eût eu des yeux pour elle,
  Nous ne plaindrions pas son sort,
Car sans doute l'Amour auroit vaincu la Mort.

AUTRE.

Cy gist une Hélene nouvelle,
Qui fit bruler tout le monde pour elle.
Elle pourroit embrazer son tombeau,
N'étoit qu'on y jette de l'eau.

AUTRE.

Cy gist une Hélene seconde,
  Qui faisoit bruler tout le monde.
Tout le monde, selon la parole de Dieu,
  Craignoit de bruler par le feu ;
Mais, graces à la mort qui l'a si bien esteinte,
Du péril par le feu nous n'avons plus de crainte.

AUTRE.

Cette merveille du théatre,
Qui gaignoit tous les cœurs, et nous ravissoit tous,
  Dont chacun estoit idolâtre,
  N'est plus maintenant parmy nous :
Car les dieux, transportez et d'amour et d'envie,
Jaloux de notre bien, nous l'ont enfin ravie.

AUTRE.

Celle qui gagnoit tous les cœurs,
Qui charmoit nos esprits, nos yeux et nos oreilles,
Cette merveille des merveilles,
Malgré tous ses charmes vainqueurs,
Est maintenant le sujet de nos pleurs.

AUTRE.

D'abord qu'on la voyoit paroitre,
Nous sentions dans nos cœurs certaine flamme naitre,
Que le silence exprime mieux.
Chez nous, nous n'estions plus les maistres :
Elle savoit si bien cet art ingénieux
D'entrer par le cœur dans les yeux
Que cet art paroissoit en elle
Comme une chose naturelle,
Et nous nous estimions heureux
D'estre brulez de si beaux feux,
Et de mourir enfin d'une cause si belle.

AUTRE.

Elle est morte, enfin, elle est morte,
Cette charmante et funeste beauté !
Elle estoit à nos yeux une divinité,
Qui triomphoit de l'ame la plus forte.
Mais, malgré ses appas et toute sa fierté,
Enfin elle a subi cette nécessité :

Elle est morte, enfin, elle est morte,
Cette charmante et funeste beauté !

❦

Le Procès comique.

De la belle Dupin la Moliere jalouse
    Luy fit, pour l'exclure, un procès.
Bien des gens partagez prenoient leurs intérests,
    Et faisoient du bruit comme douze.
    D'abord Thémis se déclara
    Pour la veuve contre l'épouse,
    Et pour jamais les separa.
De ce beau jugement, qui trompa mainte attente,
    La Dupin se porte appellante,
    Malgré l'amende et cætera.
« Il faut, dit-elle, il faut qu'enfin je me contente,
    Et, arrive ce qu'il pourra,
    Le Parlement en parlera. »
L'Oracle souverain qui regne et qui gouverne
Ce que dit, ce que fait l'Oracle subalterne,
Met l'appellation et sentence au néant,
    En emendant et corrigeant
    (Voyant dans ces belles parties
Différentes beautez, mais si bien assorties);
    Ordonne que doresnavant
    Elles seront ensemble unies.
Si mieux pourtant on aime (en termes fort exprès
    L'arret fait cette alternative,
    En cas qu'on veuille l'exclusive)
Donner à ceux exclus, pendant quatre ans complets,

Pour leur indemnité, dommages interests,
Chacun cinq cens escus, et leur faire partage
Des droits et des emolumens
Qu'on a perceus pendant le temps
Qu'a duré la querelle et ce comique orage,
Comme aussi leur faire raison
Et leur rendre à proportion
Ce que sur chacun d'eux on a pris de finance
Pour certains payemens, pour certaine dépence,
Dont on juge que les exclus
Ne doivent point être tenus :
Ce qu'on sera tenu d'opter dedans l'octave;
Autrement, les huit jours passez,
L'option referée à Dauvilliers le brave.
A l'égard des despens, on les a compensez.

POLYMENE.

EPIGRAMME SUR LE PALAIS DE LA JUSTICE A L'OCCASION DU PROCÈS DES COMÉDIENS.

Quel mélange, quelle harmonie!
Rien de pareil vit-on jamais?
Le Palais à la Comédie,
Et la Comédie au Palais.

Sur la cause des comédiens portée a la Grand'Chambre.

MADRIGAL.

Il faut, Tyrsis, que je te die :
J'étois au Palais, l'autre jour,
Pour voir décider par la Cour
Un différend de comédie.
Maurice et le jeune Robert
Du matin furent pris sans vert.
« La Cour ne fut jamais folatre,
Leur dit le Premier Président :
C'est une cause de théatre ;
Retirez-vous vers Montauban. »

ÉPIGRAMME.

Le proverbe est vray, je l'avoue :
Chacun en ce monde a son tour ;
Le Théatre a joué la Cour,
Et la Cour le Théatre joue.

Une bonne heure après que l'arrest prononcé
  Fut au Parnasse dénoncé,
  En pantoufle, en robe de chambre,
Ma Muse, afin d'avoir les gans
  Que l'on donne aux plus diligens,
Fit ces vers le quinze décembre.

MADRIGAL.

Dans le mois de may, de septembre,
Ces vers seroient bien mieux tournez ;
Mais, quand on a l'onglée et froid à chaque membre,
Et la roupie au bout du nez,
Que l'encre est à la glace et tous les mots gelez,
La Muse n'enfante qu'à peine
De mechans vers à la douzaine,
Qui, comme des enfans mort-nez,
Au triste sort abandonnez,
N'aiant ni parrain ni marraine,
Ils ne sont jamais baptisez,
Encore moins récompensez :
Tels sont les vers de Polymene.

POLYMENE.

ÉPIGRAMME.

Cet arrest vaut de la monnoie,
Et tout Paris a de la joie
De voir triompher la Dupin ;
La Moliere et son idolâtre,
Consternez, en ont un chagrin
Qui n'est pas, ma foy, de théâtre.

AUTRE.

Contre un simple pygmée et contre un myrmidon,
Qui l'auroit jamais crû, mais qui le pourra croire ?

*La chose est pourtant vraye, en cette occasion
Alexandre le Grand a perdu la victoire.*

※

En l'année 1668, le roy donna une grande feste dans les jardins de Versailles, disposée de trois principaux sallons, illuminations et feux d'artifices.

Le premier sallon estoit pour le théatre de la comédie et ballet, où fut representée pour la premiere fois le *George Dandin* de Moliere, qu'il fit impromptu pour ceste feste.

Le second pour le souper, dans lequel estoit au milieu une grande table ronde pour le roy et la famille royalle, et plusieurs autres tables, au dehors de ce sallon, pour les principales dames de la cour.

Le troisieme pour la salle du bal, de figure octogone, de dix toises de diametre et de quinze toises de hauteur, accompagné de six tribunes pour les spectateurs et simphonistes, et d'une allée en perspective de jets d'eau et de cascades. Le tout éclairé par quantité de lumieres.

En suite du bal, il y eut une grande illumination dans toute l'étendue du grand parterre, et toutes les croisées du chasteau furent aussi illuminées sur la façade du parterre.

Un grand feu d'artifice termina cette grande

feste; ce feu estoit sur le haut de la tour du chasteau d'eau ou de la pompe.

Les vers qui suivent furent faits par monsieur le chevalier de Girardin, qui estoit en ce temps-là fort jeune, et qui depuis a esté conseiller et secretaire d'Estat de monseigneur le duc de Savoye; ces vers devoient estre gravez au bas de la planche que l'on fit de la salle de bal.

Plein d'un noble courroux qui fit frémir le Tage,
Louis avoit rangé la Flandre sous ses lois,
Subjugué la Bourgogne en moins d'un demy-mois,
Et restabli Thérese en son juste héritage,
Lorsqu'aux vœux de son peuple, aux cris de ses rivaux,
Il arresta le cours de ses nobles travaux,
Il suspendit l'ardeur dont son ame estoit pleine,
Et, de ses ennemis secondant les souhaits,
Pour desarmer leurs cœurs d'une inutile haine,
Il désarma son bras et leur donna la paix.

Ce prince glorieux, dont le soin héroïque
Est suivi d'un relasche héroïque à son tour,
Voulut se faire voir, au milieu de sa cour,
En conquérant galant, en vainqueur magnifique.
Il dit, et de ses yeux un seul regard suffit
(ses yeux où le destin de l'Europe est escrit)
Pour préparer des lieux dignes de sa présence,
Et Versailles d'abord fit voir des raretez
Dont l'art ingénieux et la magnificence
Surpassent des Romains les plaisirs enchantez.
Charmé du doux espoir qui flattoit son attente,
Ce lieu délicieux éleva dans ses bois,
Pour servir aux plaisirs du plus puissant des rois,

De ce riche salon la structure galante,
Dans le superbe éclat de ce palais nouveau,
Un fleuve souterrain, lançant mille jets d'eau,
Eust appliqué Thérese à leur bruit agréable,
Si son cœur, enchanté par des charmes plus doux,
Pouvoit jamais trouver rien de beau, rien d'aimable,
Que tout ce qu'il adore en son royal espoux.

Là ce héros quitta l'appareil de la guerre,
Pour joindre à ses lauriers des myrtes et des fleurs,
Unissant doucement à leurs douces couleurs
Son air majestueux de maitre de la terre.
Là, de leur pied savant, mille jeunes beautez,
Dont les yeux soumettoient toutes les libertez,
Tracerent sur des fleurs mainte belle figure;
Et là, tous les plaisirs des champs et de la cour,
Les chefs-d'œuvre de l'art et ceux de la nature,
Pour divertir Louis, s'unirent en un jour.

Là, Colbert, par sa sage et vive promptitude,
Signalant pour son roy son zele et son ardeur,
Montra que ses plaisirs ainsi que sa grandeur
Faisoient de son esprit l'infatigable estude;
Sa noble activité charmoit tous les esprits,
Tous les yeux, tous les cœurs : l'Art mesme estoit surpris
De voir que, dans un bois et sous d'épais ombrages,
Trois sallons eslevez, vastes, riches, galans,
Coûtoient, pour achever leurs superbes ouvrages,
Moins de temps qu'il n'en faut pour en dresser les plans.

Le sallon fut inventé par M. d'Orbay, architecte du roy, qui eut soin aussi de la construction. Il en a gravé une grande planche, qui a esté perdue depuis.

Dans le plafond de la salle où l'on représente la comédie françoise à Paris, Mʳ de Bologne a peint plusieurs figures allegoriques qui respondent aux attributs du theatre. La figure de la Vérité y est dominante et paroist au milieu de la Tragédie, de la Comédie, de la Poésie et de l'Eloquence. On voit que la Vérité se découvre, pour signifier que le vray se manifeste dans les caracteres differens qui paroissent sur la scene. La Tragedie tient une espée, pour exprimer que dans ses représentations elle a pour objet des événemens sanglans. La Comédie tient un miroir, pour marquer que tout le monde se voit et se reconnoist dans les sujets qu'elle traite. La Poésie tient un livre et s'occupe à écrire, pour montrer que son talent demande une application assidue, etc.

L'Eloquence tient son foudre, pour signifier que l'art de bien dire est une espece de feu qui embrase des cœurs et dont la force est sans égale.

Dans le milieu du plafond et au-dessus de ces figures qui forment le premier grouppe de ces peintures, il y a des enfans qui tiennent des couronnes, pour signifier les prix qui se distribuoient autrefois dans les spectacles du théatre

Le second grouppe est formé par des figures des vices et de méchantes qualitez combattues par les ouvrages du théatre. Ces figures jettent les yeux sur le miroir que tient la Comédie, comme pour avouer que la comédie sert beaucoup à les faire connoistre et à les rendre ridicules; la Vérité a des plumes de paon sur la teste; l'Avarice tient une bourse à la main, et la Luxure a un air immodeste.

Dans le haut du plafond, on voit la figure de la Nuit : elle est dans un char trainé par des hiboux. Les Heures, qui sont les filles de la Nuit aussi bien que du Jour, ont tiré un rideau pour montrer que la Nuit est venue, parce qu'ordinairement on attend la nuit pour ouvrir la scène et faire paroistre, par le secours des illuminations, les portraits du théatre.

Plusieurs petits Amours sont au-dessus de la corniche et représentent les génies des Grâces.

Il y a aussi plusieurs autres Amours qui tiennent des festons pour orner l'architecture, et, dans un balcon feint, on voit des musiciens qui font un concert.

Ce tableau est dans la salle des comédiens françois à Paris (1692), et cette description a été faite par Mr Guillet de Saint-George, historiographe de l'Académie de peinture.

L'épigramme suivant, qu'on attribue à M. de La Fontaine, a esté fait à l'occasion de quelques pieces dont ils avoient partagé le profit ensemble.

Le Clerc et son amy Coras,
Tous deux autheurs rimant de compagnie,
N'a pas longtemps, sourdirent grands débats
Sur le propos de son Iphigénie.
Coras luy dit : « La piece est de mon cru. »
Le Clerc répond : « Elle est mienne, et non vostre. »
Mais, aussitost que l'ouvrage a paru,
Plus n'ont voulu l'avoir fait l'un ny l'autre.

Les deux excuses que M. Claude Boyer allégua un jour à un de ses amis, qui lui demandoit des nouvelles d'une de ses comédies qui ne fut jouée qu'un vendredy et un dimanche, firent le succès de l'épigramme suivant :

Quand les pieces représentées
De Boyer sont plus fréquentées,
Chagrin qu'il est d'y voir peu d'assistans,
Voici comme il tourne la chose :
Vendredy la pluye en est cause,
Et le dimanche le beau temps.

La première piece de théatre qu'ait fait M. de Fontenelle, neveu de M. de Corneille, est *Aspar :* elle fut sifflée par le parterre, car c'est là l'origine des sifflets. Avant ce temps, on bâilloit et on s'ennuyoit quelquefois aux pieces de Pradon et d'autres poëtes à la glace. Le Sr de Vizé, ami de M. de Fontenelle, a dit beaucoup de bien de la tragédie d'*Aspar* dans le *Mercure galant;* mais le public n'a pas esté de son avis, puisqu'elle n'a esté représentée qu'une ou tout au plus deux fois.

La plupart des pieces de Pradon ont un avantage considérable, c'est qu'on ne les représente presque jamais *au simple.* Pour bien entendre ce bon mot, il faut savoir qu'à la plupart des tragédies on paye double, au parterre, dans la nouveauté, c'est à dire 30 sols. Après cela, on les met *au simple*, c'est à dire à 15 sols. Or les pieces de cet auteur ont esté si peu jouées qu'on n'a pas eu le temps de les mettre *au simple,* ce qui est une méchante marque et qui fait voir qu'elles sont tombées.

Depuis quelques années, on s'est mis en teste, à la cour, de trouver mauvais ce que l'on avoit approuvé au théatre de Paris. Par exemple, la tragédie de *Judith,* en 1694, où tout Paris avoit esté avec empressement, a esté méprisée à la cour. Il est vrai que la brigue de M. Racine et de M. Despréaux y a beaucoup contribué. Il y a des gens qui aiment à se laisser mener; ils ne voyent et n'entendent que par autruy. En 1695, la petite comédie de la *Foire de Bezons*, qui a valu vingt mille francs aux comédiens françois, a esté rebutée à Fontainebleau devant la cour, et l'on a dit hautement qu'on s'étonnoit comment elle n'avoit point esté sifflée dès le commencement. Les gens de cour, et surtout les dames, affectent de mépriser ce que le bourgeois a estimé : cela a plus l'air de qualité, et marque un génie supérieur. A peine le bourgeois a-t-il le sens commun!

Il y en a qui assurent que les sifflets ont commencé à la comédie du *Baron des Fondrieres*, par les Srs Corneille et de Vizé; elle ne fut représentée qu'une fois, en ..... Depuis ce temps-là, le Sr Corneille le jeune n'a plus rien voulu faire pour le théatre : il travaille au *Mercure galant*, conjointement avec le Sr de Vizé, son associé et son ami.

※

Ceux qui ont eu soin de la nouvelle édition des *Œuvres de Moliere*, faite à Paris, chez Thierry, l'an 1682, en huit volumes in-12, sont M. Vivot et M. de La Grange. Le premier estoit un des amis intimes de l'auteur, et qui savoit presque tous ses ouvrages par cœur. L'autre estoit un des meilleurs acteurs de la troupe et un des plus honestes hommes, homme docile, poli, et que Moliere avoit pris plaisir lui-même à instruire. La préface qui est au commencement de ce livre est de leur composition. Le S*r* Thierry a payé cent escus ou quinze cens livres à la veuve de Moliere pour les pieces qui n'avoient pas esté imprimées du vivant de l'auteur, comme sont *le Festin de Pierre, le Malade imaginaire, les Amans magnifiques, la Comtesse d'Escarbagnas*, etc. Le S*r* Thierry n'a point voulu imprimer ce que Moliere avoit traduit de Lucrece. Cela estoit trop fort contre l'immortalité de l'âme, à ce qu'il dit. C'est par un semblable scrupule qu'il a fait consentir le S*r* Barbin, libraire, à supprimer les *Contes* du S*r* de La Fontaine. Ils les avoient imprimez conjointement. On n'en trouve plus l'édition originale de Paris, mais les Hollandois ont vengé les Muses de l'affront que ces deux libraires leur faisoient, en réimprimant ces mêmes *Contes* avec de belles figures de Romain de Hooghe. La meilleure édition est celle de Henry Desbordes, à Amsterdam, 1685, in-12, en 2 volumes. On a mis quelques épitaphes faits sur la mort de Moliere au commencement de ses Œuvres, mais il y en a encore d'autres qui n'ont pas esté imprimez.

« On a, depuis peu, joué, à Versailles, une comédie des *Médecins de la Cour*, où ils ont esté traittez de ridicules devant le roy, qui en a bien ri. On y met au premier chef les cinq premiers médecins, et, par dessus le marché, notre maitre Élie Beda, autrement le Sʳ Fougerais, qui est un grand homme de probité et fort digne de louanges, si l'on croit ce qu'il en voudroit persuader. » (Lettre de Guy Patin du 22 septembre 1665.)

Cette comédie, dont parle M. Patin, est *l'Amour médecin*; elle est imprimée parmi les Œuvres de Moliere. C'est la premiere où il s'est déclaré fortement contre les médecins.

※

M. de Corneille a refait jusqu'à trois fois le cinquieme acte de sa tragédie d'*Othon*. Cet acte lui coutoit plus de douze cens vers, à ce qu'il disoit, tant il avoit peine à se contenter.

M. de Corneille et M. Racine, dans leurs pieces, visent toujours à un même but et ne s'en écartent point; tout y tend : cela fait plaisir à l'auditeur, qui n'est point détourné et qui suit une même action. Les poëtes médiocres, au contraire, s'égarent, mettent des choses étrangères au sujet principal : ce qui fatigue extrêmement l'auditeur, qui perd l'attention; il ne sçait où l'on veut le mener. Ordinairement ces pieces tombent, quoique les vers en soyent beaux. La poésie n'est pas le principal; c'est comme l'habit et la personne même.

M. Bordelon, dans son livre des *Diversitez curieuses* (partie 9, pages 333 et 447), donne un dénombrement des ouvrages de M. de Corneille l'aîné ou deffunt Pierre Corneille. Il faut ajouter qu'il y a aussi de lui quelques vers dans le livre intitulé : *Les Triomphes de Louis le Juste, treizieme du nom, roy de France*, etc., contenant les plus grandes actions où Sa Majesté s'est trouvée en personne, représentées en figures énigmatiques, exposées par un poëme héroyque de Charles de Beys, et accompagnées de vers françois sous chaque figure, composez par P. de Corneille, etc. A Paris, de l'Imprimerie royale, par Antoine Estienne, 1649, in-folio. M. de Fontenelle, très digne neveu de cet illustre poëte, nous en apprendra davantage lorsqu'il voudra bien faire imprimer la vie qu'il a composée de ce grand homme, et l'on ne doute point qu'il ne le deffende contre M. Dacier, qui l'a repris en plusieurs endroits de ses remarques sur la *Poétique* d'Aristote, dans le dessein de mettre nos autheurs modernes beaucoup au dessous des anciens.

Sur la Comédie.

*Extrait de l'École du Monde, par Le Noble
(XVIIe Entretien, page 31).*

Timagene. — Et que dites-vous des spectacles et des comédies? Voudriez-vous les deffendre aux jeunes hommes qui entrent dans le monde, de crainte d'y prendre de dangereuses leçons et d'y disposer leur ame à l'amour?

Aristippe. — Je serois bien marri, mon fils, de vous deffendre un divertissement que je tiens le plus innocent de tous ceux qui attirent la jeunesse. Tous ceux qui ont blamé le théatre l'ont consideré comme il étoit autrefois, et sont entrez avec un zele piteux dans les justes sentimens que les anciens Peres avoient conçus contre les spectacles des payens. Mais ce n'est plus de mesme, et le théatre est aujourd'hui devenu une école de vertu et une censure du ridicule des hommes. J'avoue, quant à la comédie, que, depuis la mort de l'inimitable Elomire (Moliere, auteur et acteur célebre à Paris), on a pris quelques licences qu'il seroit bon de réprimer. Ce sage correcteur de nos folies ne s'émancipoit point à ces impertinentes équivoques qui ne font rire que des ames basses; il entroit délicatement dans le naturel, sans chercher à desopiler la rate par ces fades mots à double entente, qu'on peut tolérer au village de Bezons, mais non pas à la foire exposée en plein théâtre (*la Foire de Bezons*, comédie par Dancourt, representée à Paris en aoust 1695).

Mais un esprit bien tourné rit de la censure qu'on y fait du ridicule, et ne reçoit aucune impression de ces bagatelles équivoques, dont les auteurs doivent estre advertis de s'abstenir. Quant aux pieces sérieuses, y a-t-il rien de plus épuré, pour les maximes de la vertu, que ce qui se met sur le théâtre? Ainsi je ne comprends point, pour moi, quel danger il peut y avoir pour les autres; mais je puis avouer que je n'ai jamais sorti du théâtre que mon ame n'y ait esté fortifiée dans le sentiment de la vertu.

TIMAGENE. — Il faut donc que ceux qui le veulent interdire croient les hommes bien plus foibles que vous n'êtes.

ARISTIPPE. — Je trouve infiniment moins de mal à écouter une comédie que les conversations les plus ordinaires, qui le plus souvent ne roulent que sur la médisance maligne. Je veux croire que c'est que je n'ai jamais esté à ces spectacles dans des dispositions d'y chercher la corruption, mais toujours dans la vue d'y profiter et de m'y corriger en me divertissant. Ainsi, bien loin que je vous deffende la comédie, je vous excite à préférer ce divertissement innocent à beaucoup d'autres qui sont plus dangereux et contre lesquels on ne se déchaine pas.

Timagene. — Mais, comme toutes les pieces roulent sur une intrigue d'amour que l'on y traite adroitement et avec esprit et passion, l'ame n'y prend-elle pas des idées qui la portent à ce penchant, contre lequel vous voulez que je cherche tant de concours?

Aristippe. — Il faut aller au théatre pour y égayer son esprit, et non pour y émouvoir son cœur ; tirer son divertissement de ce qui nourrit cet esprit, mais regarder avec indifférence ces intrigues d'amour, et seulement comme un nœud nécessaire à la fable, et les récits passionnez comme les tableaux ou les statues d'une galerie, qui ne donnent aucune émotion à ceux qui ont l'esprit bien tourné. Mais, sur tout ce qu'on entend, soit dans la censure comique, soit dans le cothurne héroïque, il faut faire une continuelle réflexion sur soi-même, pour corriger ses deffauts et s'animer à la vertu.

Timagene. — Mais ces ennemis du théatre vous diront qu'il vaut beaucoup mieux aller au sermon pour se corriger.

Aristippe. — Il est vrai ; mais on ne peut pas toujours y estre, et il faut bien que l'esprit se délasse : or, jugeant de ce plaisir par moi-même, j'ai toujours trouvé ce délassement très innocent; et, comme j'ai vu ce qu'on a écrit pour et contre, j'ai trouvé que les uns et les autres se sont extrêmement mepris dans leurs raisonnemens outrez; que ceux qui ont attaqué le théatre comme un amusement indigne de nous ont écrit comme si tous les hommes étoient ou devoient estre des anachoretes, et que ceux qui en ont pris la deffense ont confondu tous les états differens et outré la chose, comme si tous étoient mondains, et jusqu'à soutenir bonne enfin même une chose que les sages doivent tenir pour indifferente et que le bon usage ou l'abus peut rendre, comme la conversation, ou bonne ou mauvaise.

TIMAGENE. —Vous me faites plaisir, car j'ai toujours eu du penchant pour le divertissement, et je tâcherai de me le rendre profitable par l'idée que vous me donnez de l'usage que vous en faites.

Comédie.

L'application extraordinaire que le pape donne à la conduite du gouvernement de ses Etats, par l'information exacte qu'il prend de ce qui se passe dans les congrégations et par les audiences qu'il donne personnellement au peuple, ne l'empêche pas de songer à ce qui regarde le soulagement des pauvres, la décoration de la ville capitale et le divertissement de ses peuples. C'est ce qui fait qu'il a fondé divers hospitaux pour retirer les pauvres et pour faire travailler les vagabonds; qu'il fait élever un grand palais au milieu de Rome pour loger commodement les tribunaux de justice, qui étoient dispersez en differens endroits, et qu'il a donné la permission de bastir un théatre en un lieu commode de la ville pour representer des opéras et des comédies. Ce dernier edifice vient d'être achevé par les soins de Mʳ Dalibert, secretaire des commandemens de la deffunte reyne de Suede, Christine-Alexandre. Ce théatre est un des plus grands et des plus magnifiques qu'il y ait en toute l'Italie. On monte dans la salle, du parterre, par un large escalier de pierre. Il y a six rangs de loges les unes sur les autres, et trente-six loges à chaque rang, avec huit differens escaliers, pour y pouvoir monter et descendre sans embaras ni confusion. Ces loges sont un peu plus estroites que les nostres, n'y pouvant tenir que trois personnes commodement. Le premier rang n'est pas le plus estimé, parce qu'il n'est pas le plus élevé au-dessus du parterre, et est, à l'égard de la comédie, ce qu'une autre salle est dans un bastiment. Ainsi on estime principalement le second et le troisieme rang, et, ce qui est de particulier, c'est que, l'usage estant de retenir les loges pour plusieurs representations, chacun les fait tapisser et orner à sa fantaisie, et en mesme temps chacun se pique de les rendre plus propres les unes que les autres, les uns les doublant de damas et de velours avec des dessins et gallons d'or, et de riches tapis au devant, et les autres avec des etoffes de la Chine et satins de differentes couleurs. On devoit faire l'ouverture de ce théatre le quinzieme du mois de janvier 1696, par un nouvel opéra.

Ce nouvel établissement me donne occasion de vous parler de celuy de la troupe de comédiens françois à Paris. Le 1er mars 1688, on donna un arrest dans le Conseil d'Etat, Sa Majesté y estant, par lequel il leur fut permis de faire leur établissement dans le jeu de paume de l'Etoile, rue des Fossés St Germain des Prez. En consequence de cette permission, ils y ont fait une dépense de plus de deux cent mille livres. Monseigneur avoit souvent marqué qu'il leur feroit l'honneur d'aller voir leur salle; mais, la facilité d'avoir la comédie à Versailles ayant fait couler le temps insensiblement, le prince n'étoit point encore venu à la Comédie à Paris. Enfin, voulant satisfaire à sa parole et à sa curiosité, il vint voir en mesme temps deux pieces qui faisoient du bruit, sçavoir une piece sérieuse, intitulée *Polyxene*, et une comédie qu'on jouait alors sous le titre de *la Foire Saint-Germain.* Les beautez de la premiere attacherent beaucoup ce prince, et la seconde le divertit. M. Dancourt, qui en est l'auteur, avoit preparé le compliment que vous allez lire. Mais Monseigneur, dont la modestie est connue, n'en voulust point, parce qu'il ne vouloit écouter aucunes louanges. Voici les termes de ce compliment :

« C'est avec un très profond respect que j'ose prendre la liberté de remercier Monseigneur de l'honneur qu'il a bien voulu nous faire aujourd'huy. Ce temoignage public de l'estime qu'il a pour le théatre et de la protection dont il nous honore servira d'exemple sans doute, et il attirera sur la Comédie toute la consideration dont elle a besoin. Nous sommes redevables à cette protection glorieuse de la tranquillité qui, par les ordres du roy, est desormais rétablie dans les spectacles. Vos bontez, Monseigneur, se font sentir generalement à tout le monde, et elles nous acquierent sur les cœurs les mêmes droits que vostre naissance auguste vous donne sur les volontez. Nous en sommes très vivement pénétrez, et, si nostre profession ne nous met pas en état de sacrifier nostre vie pour vos interests, elle nous donne au moins l'avantage de la consacrer tout entiere à vos plaisirs avec un zele et un attachement qu'il est impossible de ne pas avoir et qu'il n'est pas possible de bien exprimer. »

La salle parut, ce jour-là, dans toute sa beauté, étant éclairée de vingt-quatre lustres garnis de bougies dont les lumieres firent remarquer les peintures et briller les ornemens.

(Extrait du *Mercure galant* du mois de février 1696, page 271.)

A Monseigneur de La Reynie,

Conseiller d'Etat ordinaire, lieutenant général de police.

Monseigneur,

René Caraque, marchand boucher, vous remontre humblement qu'ayant trouvé l'occasion, vendredy dernier, d'un billet de la Comédie françoise, il y avoit été pour la premiere fois de sa vie. Les gens du parterre, dans un entr'acte, crierent à haute voix, à l'occasion d'un homme qui avoit ôté sa perruque : *Coupez vos oreilles!* et exciterent beaucoup de bruit ; qu'à ce sujet l'exposant se servit d'un instrument avec lequel il éveille ses garçons le matin. On ne peut l'accuser d'avoir troublé le spectacle, parce qu'alors on ne faisoit aucun recit ; neanmoins, il fut arresté et conduit aux prisons du Petit Châtelet, où il est actuellement, nonobstant la parole qu'avoient donnée les comédiens de le retirer, sur les remontrances et prieres qui leur avoient été faites par une affluence de gens d'honneur du quartier et par tout le voisinage qui s'y interesse, parce que l'on est très persuadé qu'il n'a point eu intention de contrevenir aux ordres de Sa Majesté. Et, comme son commerce requiert absolument sa présence et qu'il faudroit que ses étaux restassent fermés, ce qui le mettroit en risque de perdre toutes ses habitudes, il ose esperer, Monseigneur, de votre equité ordinaire, le pardon de la desobeissance qu'il a faite à des ordres qu'il ignoroit, n'ayant été à la Comédie que cette seule fois, et d'autant plus que sa détention causeroit sa perte et celle de toute sa famille, qui attend tout de votre justice; et ils offriront tous à Dieu leurs prieres pour votre santé et votre prosperité.

24 aoust 1696.

Comédies sifflées a Paris.

Ces jours passez, chez un vieil histrion[1],
Un chroniqueur mettoit en question
Quand à Paris commença la méthode
De ces sifflets qui sont tant à la mode.
« Ce fut, dit l'un, aux pieces de Boyer. »
Gens pour Pradon voulurent parler.
« Non, dit l'acteur, j'en sçais toute l'histoire,
Qu'en peu de mots je vais vous débrouiller :
Boyer apprit au parterre à baailler ;
Quant à Pradon, si j'ai bonne mémoire,
Pommes sur lui volerent largement.
Or, quand sifflets prirent commencement,
C'est (j'y jouois, j'en suis temoin fidelle),
*C'est à l'*Aspar*, du sieur de Fontenelle. »*

Le vendredi 27 décembre 1680, on représenta pour la premiere fois *Aspar*, tragédie de Mr de Fontenelle. Le 29 du même mois elle fut encore jouée, et le 1er janvier aussi de l'an 1681.

Le dimanche 23 février 1681, on representa pour la premiere fois *la Pierre philosophale*, comédie de Mr de Vizé et de M. Thomas Cor-

---

1. C'est-à-dire comédien.

neille. Le 25 du mesme mois, elle fut jouée encore, pour la derniére fois.

Le lundy 14 janvier 1686, on représenta *le Baron de Fondrieres*, qui n'a point esté joué davantage. Cette comédie est attribuée à Mr de Vizé et à M. Thomas Corneille.

C'est par ces pieces que les sifflets ont commencé. On a continué toujours jusqu'au commencement de l'an 1696.

Chanson nouvelle sur la raillerie du Bouché (sic) qui a sifflé a la Comédie

Sur l'air : *Mettons-nous en ménage*.

(Nota. — 24 aoust 1696, il a esté emprisonné au Petit Chastelet, à Paris.)

Je mérite qu'on me raille,
Moy pauvre marchand bouché,
D'avoir, comme une canaille,
A la Comédie sifflé.

J'étois parmy le beau monde,
En faisant le fanfaron,
Avec les brunes et les blondes,
Contrefaisant le Gascon.

J'avois dedans ma pochette
Un sifflet de chaudronnier;
Je sifflois, je vous proteste,
Bien mieux que les oyseliers.

Messieurs de la Comédie,
Entendant ce beau sifflet,
Peindre (sic) sans cérémonie
Pour connoistre qui c'étoit.

Ayant apperçu ma mine
Et connu que c'étoit moy,
Aussi tost d'humeur chagrine
Ils m'ont saisi au collet.

Devant l'honneste assistance,
Ils ont, sur mon pauvre dos,
D'une cruelle vengeance
Frappé trestous comme il faut.

Les uns d'une grosse canne,
Les autres à coups de bâton,
Ils me traitoient comme un asne,
D'une terrible façon.

Après cette sérénade,
Ces Messieurs, outre raison,
Pour me changer de salade,
Ils m'ont mené en prison.

Après cette sarabande,
Pour sortir en liberté,
Il me faut payer l'amande,
Ce qui me fait endevé.

Helas ! Messieurs mes confreres,
Ne faites pas comme moy ;
Allez-vous-en plutôt boire,
Que de faire ce que j'ay fait.

Dedans Paris, grande ville,
Chacun se moque de moy,
Hommes, garçons, femmes et filles,
Ils me montrent tous au doigt,

En se disant l'un à l'autre :
« Voilà le siffleur du tems ;
Luy faut donner des linottes,
Il leur montrera gayement ! »

(Placard imprimé sur deux colonnes, pet. in-4°, sans nom de lieu ni d'imprimeur.)

(Projet d'un Dialogue critique
sur la Comédie, aux Champs Elysées.)

Perrin se plaint de ce qu'on a négligé son opéra de *Pomone*, qui est le premier qui ait esté représenté en France, en 1671.

Quinault et Lully s'unissent contre lui et montrent que son ouvrage ne vaut rien, rapportant là-dessus les divers quolibets dont il est plein. On se moque de ce qu'il a eu la hardiesse de faire parler le plus infâme des dieux (c'est Priape), sous le nom de *dieu des jardins*, ce qui est contre la bienséance et l'honnesteté qui doit régner sur le théatre.

Quelques poëtes anciens se joignent à Perrin, entre autres Aristophane et Plaute, qui ont mis beaucoup de saletez dans leurs pieces.

Aristote survient qui, comme le maitre du théatre, puisqu'il en a donné des regles dans sa *Poétique*, traitte avec mépris tous ceux qui déshonorent le théatre par de semblables libertez, et que, si cela avoit lieu, les honnestes femmes ne pourroient plus avec bienséance aller à la Comédie.

Beaumavielle se plaint de ce qu'on lui a fait représenter le personnage du dieu des jardins, qui ne lui convenoit pas, puisqu'il a toujours vécu d'une maniere fort sage et honnete, et que, si tous ceux qui montent sur le théatre lui ressembloient, ce seroit mal à propos que des philosophes les traittent d'infâmes.

Quinault et Lully diront beaucoup de bien de lui et de La Grange, qui étoit un honneste homme et en mesme temps bon comédien.

Virgile se plaindra de ce qu'il a estropié son *Enéide*, par la mauvaise traduction en vers françois qu'il en a faite, où bien souvent il faut lire le latin pour entendre le françois, et que c'est, en un mot, l'*Enéide* de Perrin, et non celle de Virgile. Il faudra citer des exemples[1].

On peut introduire diverses sortes de persones qui ont differens sentimens dans les plaisirs du théatre.

Eraste n'aime que les pieces déclamées, comme celles de Corneille, Racine, Moliere, etc.

Dorante soutient l'opéra contre Eraste et ne goute que la musique, les danses, etc. Cléante ou Jourdain ne se divertit qu'aux pieces italiennes, où chaque acte finit par des culebutis ou des coups de baston. Ce sera un partisan fort ignorant ou un marchand en gros, qui, après avoir ouï parler de comptes, de disputes, de procez, est bien aise, au moins un jour de la semaine, d'entendre des choses plaisantes qui sont contre la raison et le vraisemblable; il se moque des regles qui l'ennuyent, et siffle les comédiens italiens qui veulent parler leur langue; il se moque des *contrasti amorosi*. Il ne veut que des scenes françoises, comme celle de *l'Empereur dans la lune*, de *Colombine avocat pour et contre*, etc.

Timante sera l'homme raisonnable, qui esti-

---

1. On trouve, dans le même recueil, un brouillon de la premiere partie de ce Dialogue; mais on voit que l'auteur s'est perdu dans des longueurs, en s'amusant à citer une quantité de mauvais vers tirés de la traduction de *l'Enéide* par Perrin; il n'a pas eu le courage d'aller plus loin. (*Note de l'éditeur.*)

mera tout ce qu'il y a de bon sur le théatre, tragédie, comédie françoise, piece italienne et opéra, chaque chose ayant son mérite particulier en son genre, et dira que l'on ne peut comparer autant de poëmes si différents.

Grande dispute contre les anciens et les modernes. Plaute soutient que son *Amphitryon* et son *Avare* valent beaucoup mieux que ce que Moliere a fait là-dessus. Ce dernier, sans se deffendre, soutiendra que la copie vaut mieux que l'original, remarquera la maniere grossiere dont Plaute a traité ces deux sujets, fera voir la maniere fine et délicate dont il a fait parler Jupiter à Alcmene; il soutiendra que les anciens ne sçavent pas traiter finement ce qui doit être l'âme des pieces, *l'amour* et *l'ambition*. Corneille se joindra à lui et rapportera quelques beaux endroits de ses pieces, ce qui donnera lieu à Euripide, à Sophocle et à Seneque, de soutenir l'antiquité, en disant que leurs pieces sont toutes pleines des plus beaux traits de morale. « Il est vrai, dira Moliere; mais la plupart de vos chœurs, qui débitent ces moralitez fatiguantes, ennuyent, parce qu'elles sont hors du sujet et n'interessent personne. Je me suis bien gardé de rien imiter. On ne peut disconvenir que je n'aye mis de beaux sentimens dans mes pieces, mais ceux qui les débitent le font d'une maniere vive et forte; cela fait partie du sujet. On ne les sçauroit oster sans faire tomber les pieces. Les vostres, au contraire, en vaudroient mieux et ennuyeroient moins si on les en retranchoit.

. . . .

※

Dialogue critique dans les Champs Elysées.

MOLIERE. — TÉRENCE. — CORNEILLE[1]

Moliere. — Il est vrai, Térence, je sçai que dans l'autre monde l'on vous propose comme un excellent poëte comique. Vos pieces sont remplies de belles sentences morales, que les gens du pays latin recueillent avec grand soin; elles sont très honestes si on les en croit, et même les gens qui vivent d'une maniere très austere et qui ont peur d'un mot à double sens ont traduit trois de vos comédies, que l'on fait lire aux junes gens dans les colleges. Pendant que ces sortes de gens loüent et applaudissent à vos ouvrages, il y en a qui crient contre moi, comme

---

1. Nous n'avons pas tenu compte des phrases et des passages raturés dans le brouillon de l'auteur anonyme, qui paraît être M. de Trallage lui-même. (*Note de l'éditeur.*)

si j'avois mis les plus grandes infamies du monde sur le théatre françois. Les honestes gens, qui jugent des choses sans prévention et qui ne sont point entestez de l'antiquariat, sçavent fort bien que je n'ai rien mis de si libre que ce que l'on voit dans votre comédie de *l'Andrienne*. Le principal personnage de cette piece est un jeune homme, que vous nommez Pamphile, fils de Simon, riche bourgeois d'Athenes. Il devient amoureux de Glycérie, jeune fille étrangere, et lui fait d'abord un enfant. Voilà sans doute un beau début et un bel exemple! Pamphile promet d'épouser cette malheureuse, qui n'a rien, et cela à l'insçu de son pere. Ce qu'il y a de fort joli, c'est que cette même fille, preste d'accoucher, devient une des actrices de la comédie; on l'entend derrière le théatre, qui, étant dans le travail d'enfant pour la premiere fois, crie de toute sa force :

Juno Lucina, fer opem, serva me, obsecro!

« Junon Lucine, aidez-moi, secourez-moi, je vous prie! » C'est dans la premiere scene de votre troisieme acte. Le bonhomme Simon, pere de Pamphile, se voit grand-pere lorsqu'il ne s'y attendoit pas, quoiqu'il croye que c'est une feinte. Cependant le spectateur sçait que cet accouchement est véritable, et, dans la scene suivante, la sage-femme sort de chez Glycérie et donne les ordres nécessaires à la servante pour soulager la malade. Si un poëte françois moderne avoit ozé hasarder pareille chose sur la scene, je puis vous assurer que sa piece ne seroit pas représentée deux fois et qu'il seroit décrié pour longtemps. L'on voit encore de pareilles libertez dans votre comédie des *Adelphes*. Le jeune Eschinus...

Térence. — Vous êtes un ingrat, Moliere, de vouloir critiquer mes *Adelphes*: vous devriez vous souvenir que c'est une de mes plus belles pieces; elle vous a servi à votre *Escolle des Maris*, qui est une piece que je sçay que l'on voit encore avec plaisir sur le théatre françois.

Moliere. — Il est vrai que j'ai pris quelque chose de vos *Adelphes*. Si vous en voulez à ceux qui comparent l'un à l'autre, ils vous diront que je vous fais honneur et que ma copie vaut mieux que votre original. Prenez pour juge l'illustre Corneille, que voilà? Sa comédie du *Menteur*, que l'on estime tant, fait assez connoître qu'il ne réussissoit pas moins dans le comique que dans le sérieux; j'ai remarqué, de plus, qu'il n'estoit point de ces gens, entestez des anciens, qui veulent trouver du merveilleux dans tous leurs ouvrages.

Corneille. — Pour bien juger de ces deux pieces, il faudroit que vous nous fissiez un plan de l'une et de l'autre, et, après les avoir comparées, on verroit ce que l'on doit le plus estimer. Vous avez raison de dire que je ne suis prévenu en faveur de qui que ce soit : j'estime tout ce qui est bon, en quelque genre que ce puisse être, sans m'embarasser si l'auteur est ancien ou moderne. Dans le fond, cela ne fait rien à la chose, et je laisse disputer là-dessus Perrault et Despréaux.

MOLIERE. — Voici, ce me semble, ce que l'on doit le plus remarquer dans *les Adelphes* de Térence. Il introduit deux freres qui sont d'une humeur fort différente : Micion et Demea. Le premier est un homme poli, honeste, doux et agréable; l'autre est sauvage, rustique, avare, se plaignant toujours. Il a eu deux enfants : Eschinus et Clésiphon. Le premier a été adopté par Micion, et l'autre est demeuré chez son pere Demea. Ces deux jeunes hommes sont fort débauchés. Eschinus devient amoureux d'une pauvre fille; il en abuse, et, la voyant grosse, il lui promet de l'épouser. Son frere Clésiphon, qui voudroit aussi se divertir, n'ose rien entreprendre, parce qu'il est observé de près par son pere Demea; il fait confidence de la passion qu'il a pour une joueuse d'instrumens qui est chez un marchand d'esclaves qui loüe et qui vend des femmes de débauche à ceux qui en veulent. Son frere Eschinus, pour rendre service à Clésiphon sans que son pere le sçache, va chez le marchand de filles, le roüe de coups et emmene la fille sans la payer.

CORNEILLE. — Voilà de fort vilains caracteres; ce n'est qu'un amas d'impudicitez. Je n'ai jamais veu un de nos poëtes modernes qui ait mis un pareil sujet sur la scene françoise.

TÉRENCE. — Vous donnez un tour malin à toutes choses: vous ne dites pas que cette pauvre fille est enfin reconnue pour citoyenne d'Athenes, et qu'Eschinus la peut épouser sans honte.

MOLIERE. — Je n'aurois rien à dire contre vous si vous vous fussiez contenté de rendre ce jeune homme amoureux d'une pauvre fille, qu'il auroit reconnue assez vertueuse et en qui il auroit trouvé de l'esprit et de la beauté ; il auroit pu, par la suite du temps, fléchir Micion, son pere adoptif, et, comme il étoit homme honeste, qui entendoit raison, peut-être qu'il auroit eu assez de complaisance pour accorder cette fille en mariage à son fils. Il y auroit eu dans cette conduite quelque régularité et quelque honnesteté. Mais tout cela est trop fin pour vous autres, messieurs les anciens; vous ne voulez pas faire souffrir vos amans : il n'y a rien tel que de débuter par une grossesse. La cérémonie du mariage se fera quand elle pourra; il faudra bien que le pere y consente, lorsqu'il verra son petit-fils emmaillotté sur le pas de sa porte.

CORNEILLE. — Ce qui me surprend, c'est que l'on ait osé proposer de semblables exemples aux deux peuples les plus polis et les plus raisonnables qui fussent pour lors sur la terre : les Grecs et les Romains. Vous avez tiré cette piece du grec de Ménandre, et la scene est à Athenes, et, l'ayant mise en latin, vous l'avez fait représenter à Rome.

TÉRENCE. — C'étoit les mœurs de ces temps-là.

MOLIERE. — Je ne puis vous accorder cela, et vous ne me persuaderez jamais que les Grecs et les Romains approuvassent que leurs jeunes gens violassent toutes les regles de l'honesteté, en consentant que d'honestes filles fussent subornées, et en permettant toute sorte de mariages clandestins contre l'authorité des peres. Mais ce n'est pas encore tout : j'abrege, pour vous dire que Micion et Demea reconnoissent enfin la conduite irreguliere de leurs enfans ; Micion consent que son fils Eschinus épouse Pamphila, qui venoit d'accoucher d'un enfant de sa façon, et qui de plus est reconnue citoyenne d'Athenes. Voilà un dénouement de piece à l'antique : à la bonne heure ; mais que ferons-nous de Demea, de son fils Clésiphon et de la musicienne ou *psaltria* dont il est amoureux ? Notre ami Térence, pour se tirer d'affaire, a commis ici deux fautes grossieres et que l'on ne pardonnéroit pas au moindre de nos auteurs. La premiere, c'est qu'il change entierement le caractere de Demea. Dans toute la piece, c'est un homme dur, sauvage, criant toujours. Dans la premiere scene du cinquieme acte, il est encore de cette humeur fâcheuse ; mais dans la scène suivante et dans tout le reste de la piece, il devient un homme doux, traitable, et tout cela, sans qu'il se soit rien passé de nouveau pour l'obliger à changer d'humeur. Si Térence avoit bien connu le cœur de l'homme, il auroit bien senti que ces changemens subits sont contre le vraisemblable. Dans une tragédie, cela seroit plus supportable si une divinité s'en mêloit, ou qu'il y eût de l'enchantement.

L'autre faute, qui n'est pas moins grossiere, est touchant Clésiphon et sa chanteuse. Je vous ai fait remarquer que cette fille est une fille de débauche, qui a été achetée chez un marchand infâme. Il y auroit lieu de croire que l'on se deffairoit au plustôt de cette fille, et que Micion et Demea, employant l'autorité paternelle, obligeroient Clésiphon de vivre à l'avenir d'une maniere plus régulière; mais c'est le contraire de tout cela : Demea, cet homme dur, consent que son fils garde la chanteuse, c'est-à-dire que, pour le tirer de la débauche il le plonge dans un nouveau désordre. Dans les pièces régulières, le vice est châtié et la vertu récompensée; ici, au contraire, l'impudicité triomphe : bel exemple à proposer publiquement aux Grecs et aux Romains !

Je vous laisse faire là-dessus toutes les réflexions que la chose mérite.

Térence. — Je me tiens heureux d'être plus ancien que vous de plusieurs siecles. De mon temps, l'on ne s'avisoit pas de tous ces raffinemens-là : ma piece a toujours paru fort bonne, depuis qu'elle a été représentée pour la premiere fois jusqu'à présent, et tous les gens qui aiment les ouvrages des anciens et qui sont persuadez que je parlois bien latin seront pour moy, et ne se choqueront point de ces prétendus deffauts que vous croyez avoir trouvez. J'en appelle à tous les gens du pays latin, répandus dans toutes les universités de l'Europe.

Corneille. — Il ne me paroît pas que vos raisons soyent suffisantes pour répondre à Moliere. Peut-être que vos commentateurs en auront trouvé de meilleures pour votre deffense.

Moliere. — Point du tout. Je vois bien que vous ne les avez pas lus : je trouve que vous avez fort bien fait de n'y pas perdre de temps. En effet, cela ne vous convenoit pas, puisque vous n'aviez dessein que d'exceller dans les pieces tragiques. Pour moi, qui voulois voir ce que l'on avoit fait de meilleur dans le genre comique et plaisant, je vous avouerai que j'ai lu les auteurs et leurs commentaires; j'ai remarqué que ces messieurs les commentateurs ne se sont attachés qu'à changer quelques mots les uns pour les autres, à ramasser une grande quantité de diverses leçons, *variæ lectiones*, et à citer les manuscripts de Térence qu'ils ont pu découvrir dans les plus fameuses bibliotheques : ce sont de grands ressasseurs de mots ; ils passent leur vie dans ce pénible et ennuyeux exercice, et laissent les choses pour courir après les mots ; ils n'ont jamais osé douter que l'auteur qu'ils commentent ne fût excellent. En effet, l'auteur commenté étant ancien, quel est le téméraire qui oseroit douter un moment de son érudition ?

CORNEILLE. — Vous m'avez dit, en passant, que Pamphila, maîtresse ou épouse d'Eschinus, est accouchée avant son mariage : seroit-ce quelque chose de semblable à ce qui arriva à Glycérie dans la comédie de *l'Andrienne?*

MOLIERE. — Vous y êtes. La chose a paru si belle à Térence qu'il a cru la devoir répéter dans deux pieces différentes. Je vous ai rapporté les paroles de *l'Andrienne;* voici celles des *Adelphes*, dans la cinquieme scene du troisieme acte :

> *Miseram me, differor doloribus,*
> *Juno Lucina, fer opem, serva me, obsecro!*

« Ah ! malheureuse que je suis ! je sens des douleurs extrêmes ! je n'en puis plus ! Junon Lucine, secourez-moi, ayez pitié de moi, je vous en prie ! »

CORNEILLE. — Sans mentir, vous avez eu tort,

Moliere, vous qui sçaviez de si beaux endroits, de ne vous en pas servir dans quelqu'une de vos pieces. Les dames surtout vous auroient sceu bon gré de faire accoucher une fille à point nommé, dans le temps qu'elle va être mariée. Quelle joye pour le parterre d'entendre les cris d'une actrice qui accouche derriere le théâtre ! Que cela présente une belle idée ! et que Térence a eu d'esprit en imaginant de si belles choses, et qu'il a bien pris son temps !

MOLIERE. — J'avoüe que je n'ai pas été inspiré des Muses comme lui ; mais, comme une plus longue critique pourroit l'ennuyer, il est à propos que je vous donne une idée générale de ma comédie de *l'Escole des Maris*, et où j'avouerai de bonne foy ce que j'ai pris de lui.

CORNEILLE. — Il n'y a pas longtemps que, pour me divertir, je lisois cette piece dans ces agréables ieux. Je trouve que vous n'avez pris de Térence que les deux freres : celui qu'il nomme Micion est Ariste dans votre comédie, et son Demea est votre Sganarelle, ou plutôt vous-même, puisque je vous ai vu représenter plusieurs fois ce personnage sur le théâtre du Palais-Royal ; mais ce que vous faites dire à ces deux freres convient si bien aux manieres françoises qu'il faudroit n'avoir pas lu Térence pour vous soupçonner de l'avoir traduit ni même imité. Vos deux reres n'étant point mariez, ils sont les tuteurs de deux filles, qu'un de leurs amis leur a laissées pour les épouser eux-mêmes ou pour les pourvoir comme bon leur semblera. Ariste permet que Léonor voye le beau monde et qu'elle soit vêtue comme une fille de qualité, sans néanmoins donner dans le ridicule outré des modes. Sganarelle, au contraire, tient la sienne enfermée et la traitte rudement. Vous l'appelez Isabelle. L'un et l'autre sont parfaitement sages, et n'ont rien qui ressemble à Eschinus ni à Clésiphon. Pour Sganarelle, il conserve jusqu'à la fin son caractere d'homme sauvage et bizarre. Il seroit inutile d'entrer dans un plus grand détail de cette piece, puisqu'elle est connue de tout le monde...

(La suite manque.)

THÉATRE ITALIEN

Comédiens italiens a Paris.

Arlequin, ou le Sr Dominique, natif de Boulogne, en Italie, et comédien de la troupe royale des comédiens italiens à l'hostel de Bourgogne, à Paris, est mort le lundi 2 aoust 1688.

La troupe a été un mois sans jouer. Après cela, elle a affiché ceci au coin des rues :

« Nous avons longtemps marqué notre déplaisir par notre silence, et nous le prolongerions encore si l'appréhension de vous déplaire ne l'emportoit sur une douleur si légitime. Nous rouvrirons notre théâtre mercredy prochain, premier jour de septembre 1688. Dans l'impossibilité de réparer la perte que nous avons faite, nous vous offrirons tout ce que notre application et nos soins nous ont pu fournir de meilleur. Apportez un peu d'indulgence, et soyez persuadez que nous n'omettrons rien de ce qui peut contribuer à votre plaisir.

« Payez trois louis d'or pour une loge basse; un écu pour les places aux loges basses, théâtre, amphithéatre, aux secondes loges; vingt sols aux troisiemes, et quinze sols au parterre.

« Défenses sont faites exprès, par ordre du roy, à toutes personnes, d'entrer sans payer. »

Inscription mise à l'hostel des comédiens italiens à Paris, après qu'ils l'eurent fait réparer à leurs dépens :
LA SEULE TROUPE DES COMÉDIENS ITALIENS EX-TRETENUE PAR SA MAJESTÉ, EN LEUR HOSTEL DE BOURGOGNE, 1686.

Michael-Ange Fracansano, Napolitano, detto Polichinello ;
Marco-Antonio, Romanese, detto Cinthio, di Roma ;

Plicita..., detta Aurelia;

Patritia Adami, detta Diamantina, di Roma;

Ursula Cortesa, detta Aularia, moglie d'Arlequino;

Domenico Biancolello, di Bologna, detto Arlequino;

Catharina Biancolella, detta Colombina;

Francesca Biancolella, detta Isabella;

Angelo Lolli, Bolognese, detto il dottore Balouardo;

Tiberio Fiurelli, de Napoli, detto Scaramoucha, de 90 anni;

Bartholomeo Ranieri, detto Aurelio, Piemontese del monte Ceni;

Angelo Constantini, Veronese, detto Mezzetin;

Constantin de' Constantini, de Verona, detto Gradelin;

Giovan-Battista Constantini, detto Ottavio, de Verona;

Joseppe Charleton, de Ferrara, detto Pierrot;

Joseppe Tortoriti, de Messina, detto Pasquarel.

Ce sont les comédiens italiens établis à Paris en may 1689;

Aurelio a été renvoyé en son pays, en aoust 1689.

Girard Avarisse, ou le nouvel Arlequin, fils de Flautin, en octobre 1689;

Evaristo Gherardi, de Prato in Toscana, detto

Arlequino, en octobre 1689. Il est fils de Jean Gherardi, surnommé Flautin.

❦

Je vous envoie des vers qui ont esté faits sur la mort de l'inimitable Arlequin, arrivée ce mois-cy, dans sa quarante-huitieme année. L'heureux talent qu'il avoit de dire les choses d'une maniere agréable l'a fait regretter de tout le monde.

SUR LA MORT DU CÉLÈBRE ARLEQUIN.

Les plaisirs le suivoient sans cesse.
Il répandoit partout la joye et l'allegresse.
Les jeux avec les ris naissoient dessous ses pas.
On ne pouvoit parer les traits de sa satyre :
Loin d'offenser personne, elle avoit des appas.
Cependant il est mort : tout le monde en soupire.
Qui l'eust jamais pensé sans se désesperer,
Que l'aimable Arlequin, qui nous a tant fait rire,
Deust si tost nous faire pleurer ?

Aoust 1688.

❦

Le 2 novembre 1688, on a joué pour la premiere fois, aux Comédiens italiens, une comédie toute italienne, intitulée : *la Folie d'Octavio*. Celui qui représente Octavio est un jeune homme qui fait le personnage d'amant. Il est fils de Gradelin et frère de Mezzetin. Cet Octavio parut pour la premiere fois le 2 novembre. Il fut applaudi de toute l'assemblée; il joua de sept sortes d'instruments, savoir : la flûte, le téorbe, la harpe, le psalterium, le cymbalum, la guitare, le hautbois; et le lendemain il y ajouta l'orgue. Il ne chante pas mal et danse fort bien. Il est bien fait de sa personne.

Extrait des *Nouvelles de la République des Lettres*,
avril 1684, art. 7, p. 199.

Arlequin Procureur.

Paris, chez C. Blageart, rue Saint-Jacques,
1683, in-12.

C'est une comédie qui eut beaucoup de succès, et où les comédiens italiens ont représenté admirablement les fripponneries qui se commettent dans la profession de procureur. On prétend que l'utilité de cette piece sera très grande, parce qu'elle accoutumera le monde à se mieux précautionner contre les fripponneries, et parce qu'elle corrigera de leurs mauvaises habitudes les procureurs malhonnestes gens, rien n'étant plus propre, dit-on, à guerir les maladies de l'ame, qu'une comédie qui en représente finement le ridicule. Il y a longtemps qu'on en juge ainsy, car c'est dans cette veuë que les Athéniens accorderent aux poëtes comiques la licence de satyriser tout le monde, sans épargner même le gouvernement; et l'on trouve qu'à cause de la liberté qu'ils se donnoient de médire de toute la terre, on leur donna l'éloge de *conservateurs des villes*, σωτήρων τῶν πόλεων. Quantité de personnes disent fort sérieusement à Paris que Moliere a plus corrigé de deffauts à la cour et à la ville, luy seul, que tous les prédicateurs ensemble, et je crois qu'on ne se trompe pas, pourvu qu'on ne parle que de certaines qualitez qui ne sont pas tant un crime qu'un faux goût ou qu'un sot entêtement, comme vous diriez l'humeur des prudes, des précieuses, de ceux qui outrent les modes, qui s'érigent en marquis, qui parlent incessamment de leur noblesse, qui ont toujours quelque poésie de leur façon à montrer aux gens, etc. Voilà les désordres dont les comédies de Moliere ont un peu arresté le cours. C'est à peu près à quoy se réduit la réformation qu'un jésuite (le pere Bouhours, dans ses vers à la louange de Moliere) leur attribuë. Pour la galanterie criminelle, l'envie, la fourberie, l'avarice et choses semblables, je ne crois pas que le comique leur ait fait beaucoup de mal, et l'on peut même assurer qu'il n'y a rien de plus propre à inspirer la coquetterie que ses pieces, parce qu'on y tourne perpétuellement en ridicule les soins que les peres et les meres prennent de s'opposer aux engagemens amoureux de leurs enfants. Il faut avouer néanmoins que celles qui jouent les professions, à l'exemple d'*Arlequin procureur*, peuvent être fort utiles.

On écrit de Paris que la troupe de l'hostel de Bourgogne, qui est celle des comédiens italiens, représente une comédie très divertissante et qui attire une foule extraordinaire. Elle s'intitule : *Arlequin empereur dans le monde de la Lune.* C'est, dit-on, une satyre de l'opéra d'*Amadis*, et on ajoute qu'on doit représenter incessamment, dans le mesme hostel, *Arlequin cuisinier*, parce que celuy qui fait le personnage d'Amadis dans l'opéra a été cuisinier. Ces nouvelles ne sont pas trop apparentes, car on sçait que le roy luy-mesme a donné le sujet d'*Amadis*. Qui oseroit en faire des railleries si publiques? On travaille à un nouvel opéra, dont *Roland le furieux* sera le sujet, et c'est encore le roy qui a choisy et marqué cette matiere à M. Quinault et à M. Lully. Ce monarque n'a pas voulu que l'opéra d'*Amadis* fût représenté à la cour, à cause du deuil de la reine. On loue fort les paroles, les machines et les airs de cet opéra. On y voit, au commencement, quelques vers de M. de La Fontaine à la louange de Sa Majesté. On a publié ailleurs une ballade, qu'il adresse au même prince, où il touche en passant la raison pourquoy l'Académie françoise refuse de l'agréger. Il devoit remplir la place que la mort de M. Colbert a laissée vacante dans ce corps illustre; mais, quelqu'un ayant représenté qu'il ne seroit pas de bienséance qu'une compagnie où il y a tant de personnes graves et mitrées receut un poëte qui a publié tant de contes impudiques, on a sursis à son installation.

Le pauvre Trivelin est mort et a esté enterré aux Augustins, à qui il a fait un legs de 6,000 francs. Il étoit fort aimé, et il est certain que le meilleur prédicateur ne seroit pas si regretté que luy, qui n'étoit qu'un facétieux, mais fort habile de son métier.

(*Nouvelles de Paris,* 1ᵉʳ may 1671.)

Épitaphe de Scaramouche,

Décédé à Paris le lundy 6 octobre 1694.

Las ! ce n'est pas dame Isabeau
Qui gist là dessous ce tombeau,
Ni quelque autre sainte nitouche :
C'est un comique sans pareil.
Comme le ciel n'a qu'un soleil,
La terre n'eut qu'un Scaramouche.

Alors qu'il vivoit parmi nous
Il eut le don de plaire à tous,
Mais bien plus tôt aux grands qu'aux minces,
Et l'on le nommoit en tous lieux
Le prince des facétieux,
Et le facétieux des princes.

Au lieu de quantité de fleurs,
Sur sa tombe jettons des pleurs.
Pour moy, tout de bon j'en soupire.
J'en fais tout franchement l'aveu :
Nous pouvons bien pleurer un peu
Celuy qui nous faisoit tant rire.

Autre.

Le bruit court à Paris que Scaramouche est mort,
  Qu'il est party, qu'il a plié bagage,
Et qu'estant comme nous sujet aux loix du sort,
  Il a joué le dernier personnage.
Mais je ne puis penser que ce soit tout de bon :
L'acte est trop sérieux pour estre d'un bouffon.

OPÉRA

L'OPÉRA de *Pomone* est le premier qui ait esté représenté à Paris, et même en France, en l'année 1671. Les vers sont de M. Perrin, les danses de M. Beauchamp, la musique de M. Cambert, les machines de M. le marquis de Sourdeac. M. Perrin avoit en son nom le privilege du roy; il y associa plusieurs personnes, n'ayant point d'argent pour faire les frais nécessaires. Dans la suite du temps, l'avidité du gain fit que la division se mit entre eux, dont le Sr Lully profita: il traitta avec le Sr Perrin de son privilege, qui lui estoit devenu inutile, mais il en eut un nouveau et ne voulut point s'accommoder du sien, ni des machines, ni des habits de l'ancien Opéra; il voulut donc faire du neuf. L'Opéra du Sʳ Perrin étoit au bout de la rue Guénégaud, où les comédiens françois s'établirent depuis, après la mort de Moliere. L'Opéra du Sʳ Lully fut établi dans un jeu de paume appelé Bel-Air, près du palais du Luxembourg ou d'Orléans. C'est là où l'on représenta pour la premiere fois les *Festes de l'Amour et de Bacchus*, l'an 167., qui ne fut qu'un essay, et ensuite il y donna le grand opéra de *Cadmus et Hermione*, l'an 167., que tout Paris voulut voir et qui fit aisément oublier les opéras de *Pomone* et des *Peines et plaisirs de l'Amour*, que le Sʳ Perrin ou ses associés avoient fait représenter. Les machines de ces deux opéras ont esté plus belles, plus hardies et mieux exécutées que celles des opéras de Lully.

Le sieur Lully associa pour les machines le Sʳ Vigarani, machiniste du roy; il payoit la moitié des frais et n'avoit pourtant qu'un tiers du profit. La société finie, il ne voulut pas la renouveller. Il n'y avoit pas son compte, et Lully ne vouloit point de compagnon : ainsi tout fut à ses gages et il estoit maître absolu.

Les principaux acteurs qu'il retint de l'Opéra du Sʳ Perrin étoient les sieur Beaumavielle, Tholet, Mirale, Clediere, Rossignol, etc., presque tous Languedociens et que l'on avoit fait venir exprès.

Le bruit que M. de Lully a fait dans le monde ne vous aura pas laissé ignorer sa mort. Il est né à Florence, et il estoit encore fort jeune lorsqu'une personne de qualité l'amena en France. Peu de temps après, il entra chez Mademoiselle d'Orléans et ensuite chez le roy, où sa réputation s'augmenta de jour en jour. Jamais homme n'a porté si haut l'art de jouer du violon. Cet instrument estoit plus agréable entre ses mains qu'aucun autre que l'on puisse imaginer. L'usage des *opera* n'ayant pas encore esté introduit en France, le roy faisoit faire tous les ans de fort grands spectacles qu'on nommoit *balets*. Il y avoit un corps de sujet, représenté par un grand nombre d'entrées meslées de récits. M. de Lully ne fit d'abord les airs que d'une partie; mais, comme il avoit un talent merveilleux et qu'il donnoit beaucoup d'expression aux choses qu'il faisoit, il composoit les entrées dont il faisoit les airs, et enfin il travailla seul aux balets. Quelques jours avant que d'estre attaqué de la maladie dont il est mort, il dit à une personne digne de foy qu'il n'avoit jamais appris plus de musique qu'il en savoit à l'âge de dix-sept ans, mais qu'il avoit travaillé toute sa vie à se perfectionner et chercher toujours à donner aux choses qu'il mettoit en airs des expressions convenables à leurs sujets. C'est ce que ne font pas la plupart des maîtres de musique. Le bon goût du roy pour ce bel art le fit estimer de ce prince. M. de Lully estoit, d'ailleurs, fort agréable. Il avoit beaucoup d'esprit, et l'on ne peut rien ajouter à l'agrément avec lequel il racontoit les choses qu'il avoit veües. Tant d'heureux talents et l'estime de Sa Majesté luy acquirent celle de toutes les personnes de la premiere qualité, qui luy firent l'honneur de le voir familierement. Les souverains dont il n'estoit connu que par ses ouvrages estoient tellement persuadez de son merite que plusieurs lui ont fait des présents considerables et envoyé leurs portraits. Une si haute reputation luy fit meriter la charge de surintendant de la musique du roy. Pendant que le travail des plaisirs du roy l'occupoit entierement, M. Perrin, introducteur des ambassadeurs auprès de feu M. le duc d'Orléans, ayant cru que les *opera* pouvoient estre introduits en France, demanda le privilège et l'obtint. Il fit ensuite une société avec feu M. Cambert, maître de la musique de la feue reyne-mere, dans laquelle une personne d'une qualité distinguée, et qui avoit fait paroistre sa magnificence dans un spectacle qu'il avoit liberalement donné au public et dont il avoit fait luy-mesme les machines, se fit un plaisir d'entrer. Cette nouvelle plut au public et eut assez de succez ; mais enfin, ces messieurs s'estant brouillez, et M. Perrin, croyant avoir juste sujet de se plaindre, transporta son privilège à M. de Lully avec l'agrément du roy. On voulut l'inquiéter ; mais, ayant droit de celuy à qui appartenoit véritablement le privilège, la justice se déclara de son côté. Après cela, le roy luy accorda tout ce qu'il put souhaiter pour rendre l'Opéra considerable. Ainsi ceux qui ont cru au préjudice du premier privilège (le roy en avoit donné un second qui annulloit le premier) n'ont pas esté bien instruits. Le roy garde l'équité en toutes choses, et, si M. de Lully ne se fust accommodé du privilège avec celuy à qui il avoit esté d'abord donné, il n'en auroit pas obtenu un autre. L'Opéra parut, entre ses mains, avec de nouvelles beautés, et, depuis qu'il a commencé à y travailler, il a continué jusqu'à sa mort. Quelque temps avant qu'il tombât malade, il fit chanter dans l'église des Feuillans un *Te Deum* pour rendre graces à Dieu du retour de la santé du roy. C'est le dernier ouvrage qu'il ait fait chanter en personne. Ainsi on peut dire qu'il a fini en priant pour le prince à qui il devoit toute sa fortune. Sa mort a esté tout à fait chrestienne, et son esprit a paru jusqu'à son dernier soupir par les choses touchantes qu'il a dites. Il a fait quantité de legs pieux. Il avoit eu l'honneur d'estre receu secrétaire du roy, il y a quelques années. Le roy a donné la charge de surintendant de sa musique à un de ses fils et a permis qu'il disposast de l'Opéra. M. de Lully en a un tiers, et ses enfans, qui sont au nombre de six, en ont les deux autres tiers. Ces personnes, qui avoient soin de tout ce qui le regarde, veulent bien continuer, et l'on jouera alternativement, après Pasques, *Amadis* et *Persée*. On fait esperer qu'au commencement de l'hyver prochain on donnera un opéra nouveau, pour lequel on assure qu'on n'épargnera rien. Ce public en attend beaucoup, puis que parmy les intéressés il y a des personnes d'un très bon goust et qui sont dans une estime généralle.

Mars 1687.

Le 23 aoust 1688, on a représenté à Chantilly un opéra devant M. le Dauphin. Les vers étoient de M. Le Clerc, de l'Académie françoise. Ils avoient esté mis en musique par M. Lovenzani, de la chapelle de la feue reyne, dont les ouvrages sont fort estimez, et M. Pecourt avoit fait les entrées qui composoient les divertissemens, hors deux qui estoient de M. Lestang. Cet opéra, intitulé : *Orontée*, fut chanté par l'Académie de la musique de Paris, et il y avoit, outre cela, trois des meilleurs musiciens de la musique du roy. Voy. page 84 de la *Feste de Chantilly*, au tome second du *Mercure galant* de septembre 1688.

Opéra d'*Achille et Polyxene*.

On a commencé à jouer un opéra nouveau, intitulé : *Achille et Polixene*. L'ouverture et le premier acte sont de la composition de feu M. de Lully, et c'est le dernier ouvrage de musique qu'il ait fait avant sa mort. Le prologue et les quatre derniers actes ont esté composez par M. Colasse, l'un des quatre maistres de musique de la chapelle du roy et élève du mesme M. de Lully. La pièce est de M. Campistron, qui a fait l'opéra d'*Acis et Galatée* et l'idylle qui fut chantée à Anet pour le divertissement de Monseigneur le Dauphin, et que je vous envoyay il y a quelques mois. Quoyque M. Campistron ait fait beaucoup d'autres ouvrages considerables, je ne vous nomme que ces deux-là, parce que, s'agissant ici d'opéra, je dois vous faire connoistre ce que j'en pense : il sembleroit que je voudrois prévenir le sentiment de ceux qui lisent mes lettres et empescher que l'on en jugeast autrement que moy. Il y auroit de la vanité à cela. J'ay sujet de me défier de mes lumieres, et suis fort persuadé qu'il y a beaucoup de gens plus éclairez que je ne le suis. Quant à la musique et au spectacle, que vous ne pouvez entendre ny voir, il faut vous en dire davantage. Néanmoins, je parlerai peu de la musique, parce qu'elle n'a pas un point fixe de bonté, comme beaucoup d'autres choses. Le dernier de ceux qui travaillent la musique compose souvent selon les règles, ainsi que les plus habiles, et c'est ce qui est presque général dans toutes sortes d'arts. Cependant il ne s'ensuit point que leurs ouvrages soient également beaux. Tous les hommes sont composez des mesmes parties : quoique chacun ait tout ce qui est nécessaire pour former le corps humain, on ne sauroit dire que tous les hommes soient d'une égale beauté. On trouve des traits plus réguliers dans les uns que dans les autres ; il y a des beautez blondes et des beautez brunes, il y en a de vives et de languissantes, et parmy tout cela il se rencontre tousjours un certain je ne sçay quoy qui frappe dans celles qui sont les moins parfaites. Toutes ces différentes beautez sont aymées, selon le goust de ceux qui les voyent. Il en est de mesme à l'égard de la musique. L'un veut du vif, l'autre veut du languissant; l'un veut rire, l'autre veut pleurer, et cela est cause que chacun juge de la beauté d'un ouvrage dramatique selon que cet ouvrage est conforme à son goust. Ainsi, quoi que je pusse dire de la musique de M. Colasse, ce que j'en dirois ne seroit pas generalement receu, et un particulier ne doit jamais donner son sentiment pour règle sur toute chose dont on peut juger si différemment. Je puis dire pourtant, à l'avantage de M. Colasse, qu'il est presque impossible qu'un homme qu'on a trouvé assez habile pour remplir une des quatre places de maistre de musique de la chapelle du roy, et qui a demeuré pendant plusieurs années avec le fameux M. de Lully, n'ait pas beaucoup de ses manières et ne fasse pas beaucoup de belles choses. Aussi je vous diray qu'il y en a dans son opéra et qu'elles ont esté applaudies des connoisseurs. Le reste du spectacle est de M. Perrin, dont je vous ay très souvent parlé. Plusieurs *opera*, carousels, les illuminations de Versailles, la *Feste de Sceaux*, et mille autres choses de cette nature, luy ont acquis tant de réputation là-dessus et l'ont rendu si habile qu'il ne fait rien qui ne soit d'un très bon goust. C'est ce que l'on a trouvé dans les habits de l'opéra d'*Achille et Polixene*, qui ont receu un applaudissement universel. Ils ont paru fort riches, très bien entendus et suivant le caractere des personnages.

En Novembre 1687.

Opéra en 1688.

J'ay à vous parler de trois opéras. L'un fut représenté aux Jésuites, le 28 février 1688; comme cela poura vous surprendre, je m'explique : le collège de Louis-le-Grand estant remply de pensionnaires de la premiere qualité, et qui n'en sortent que pour posseder les premieres qualitez de l'Estat, dans l'Église, dans l'Épée et dans la Robe, il est nécessaire que cette jeunesse s'accoutume à prendre la hardiesse et le bon ton qui sont nécessaires pour parler en public. C'est dans cette veuë qu'ils se donnent la peine de l'exercer en faisant représenter deux tragédies tous les ans. Ils donnent l'une sur la fin de chaque esté, un peu avant que les vacances commencent, et elle est représentée dans la cour du collège, parce que la saison est encore belle. Celle qui paroist sur les derniers jours du carnaval se représente dans une des classes, par les écoliers de la seconde. Ces tragédies n'estoient autrefois meslées que de balets, parce que la danse est fort nécessaire pour donner de la bonne grace et rendre le corps agile. Mais, depuis que la musique est en règne, on a trouvé à propos d'y en mesler afin de rendre les divertissemens complets. On a encore plus fait cette année, et, outre la tragédie de *Saül*, qui a esté représentée en vers latins, il y en avoit une en vers françois intitulée : *David et Jonathas* ; et, comme ces vers ont esté mis en musique, c'est avec raison qu'on a donné le nom d'*opéra* à cet ouvrage. On ne peut recevoir de plus grand applaudissement qu'il n'en a eu, soit dans les répétitions, soit dans la représentation. Aussi la musique estoit celle de M. Charpentier, dont les ouvrages ont tousjours eu un grand succès. La comédie de *Circé* et celles du *Malade imaginaire* et de *l'Inconnu*, dont il a fait la musique, ainsi que de plusieurs autres, en font foy. On peut dire que ce qu'il a fait dans cet ouvrage a trouvé tant d'approbateurs; ils auroient encore plus d'avantage, s'il avoit eu de plus belles voix et en plus grand nombre pour les exécuter : il a longtemps travaillé pour la musique de Monseigneur le Dauphin, lorsque ce prince avoit tous les jours une messe particuliere, ses exercices l'empeschant de se trouver à celle du roy. Les recompenses qu'il a receuës marquent la satisfaction particuliere qu'il en avoit. Il a longtemps demeuré à l'hostel de Guise et a fait des choses pour Mlle de Guise qui ont esté beaucoup estimées des plus habiles connoisseurs. Il compose parfaitement bien en italien, et les vers italiens qui sont dans les pièces que je viens de vous nommer en sont une preuve : aussi a-t-il appris la musique à Rome, sous le Charissimi, qui estoit le maistre de musique d'Italie le plus estimé, et sous qui feu M. de

Lully a aussi estudié ce bel art. Les vers de cet opéra de M. Charpentier sont de la composition du pere Chamillard et imprimez dans le livre qui fut distribué le jour de la représentation de cet ouvrage. Il ne faut que les lire pour connoistre que ce Pere n'entend pas moins la délicatesse de la poésie françoise que de la latine.

Le second opéra dont il faut que je vous parle n'est pas nouveau, puisque c'est celuy de *Phaëton*. Je vous ay dejà dit que c'estoit le premier qu'on avoit représenté à Lyon, où l'on a establi une académie d'opéra. Il a esté joué pendant tout le carnaval avec un succès si extraordinaire qu'on l'est venu voir de quarante lieues à la ronde. Les décorations, les voix, les danses, les habits, tout a répondu à la beauté de la musique, et l'on a beaucoup d'obligation à ceux qui pour la gloire de leur patrie ont bien voulu hazarder cette dépense. Cet etablissement paroist si solide qu'il n'y a point à douter qu'il ne subsiste tousjours; et, comme tout ce qui se fait dans le royaume surpasse tout ce qu'on peut voir de beau en quelque lieu du monde que ce soit, les etrangers qui y entreront du costé de Lyon seront surpris et pourront juger, par ce magnifique spectacle, de la grandeur de la France. Le public ayant demandé l'opéra de *Bellerophon* à ceux qui ont fait cet établissement, ils y font travailler avec autant d'empressement que de dépense, pour le donner incontinent, après les festes de Pasques. L'on assure qu'il y aura encore plus de magnificence dans cet opéra que dans *Phaëton*.

Je passe au troisième opéra, qu'on représente icy depuis quelques jours. Il est en trois actes et intitulé : *Flore et Zephire*. Les paroles sont de M. du Boulay, secrétaire de M. le Grand Prieur. Il a esté mis en musique par deux des fils de feu M. de Lully. Cet opéra, où les enfans de cet excellent homme ont travaillé, a esté représenté, jour pour jour, au bout de l'année de son décès. Le prologue et le premier acte ont esté mis en musique par M. de Lully le cadet, surintendant de la musique du roy, et M. de Lully l'aîné a fait la musique du second acte et du troisième, à la réserve du divertissement et de la scene qui le précède, qui sont de M. de Lully le cadet. Comme un succès d'un ouvrage fait son éloge, je ne vous dis rien de cet opéra.

En mars 1688, à Paris.

❄

Mariane, qui estoit absente de l'Opéra depuis longtemps, parce que son patron ne vouloit pas qu'elle y fût, y est revenue au mois de septembre 1695. On dit qu'elle n'est plus à personne.

Elle n'a point changé, ni pour la voix, ni pour l'embonpoint. Elle demeuroit autrefois chez Fanchon Moreau, qui est sa parente, mais assez éloignée.

La belle Mlle Morel ne danse plus à l'Opéra, en aoust et septembre 1695. Son patron, qui est jaloux et qui craint que M. le duc de C... ne devienne son rival, ne veut pas qu'elle y paroisse.

La Foire de Bezons est une petite comédie d'un acte, que la troupe françoise a jouée pendant plus d'un mois avec beaucoup de succès, jusqu'à la fin de septembre 1695. Ce qui a le plus attiré de monde sont les deux filles du sieur Dancourt, auteur de la pièce. La cadette, qui n'a que neuf ou dix ans, declame fort bien. Elle est nommée Chouchotte dans la pièce. Elle ressemble fort à sa mere, qui est appelée Mariane dans cette comédie. L'aisnée, qui a dix à onze ans, a un visage dont la douceur est charmante, et avec cela les plus beaux cheveux du monde. C'est elle qui fait l'Espagnolette : elle danse seule, d'une maniere qui contente toutes les assemblées. Cette pièce leur a valu plus de vingt mille francs ; chaque part a esté de neuf cent francs. On y a ajouté, dans les dernieres représentations, de nouvelles scènes qui ont extrêmement plû, parce que ce sont des aventures veritables de la foire de Besons, que l'on tient tous les ans, le premier dimanche après la Saint-Fiacre. En 1695, elle s'est trouvée le 4 septembre. Bezons est un village et une paroisse, sur le bord de la Seyne, à l'occident de la ville de Paris, entre les bourgs d'Argenteuil et de Nanterre. Bien des gens qui avoient veu représenter la comédie ont esté à la vraye foire, pour voir si la représentation estoit conforme à la vérité de la chose : la foule y estoit prodigieuse ; le bal estoit tellement chargé de monde qu'il s'est ouvert ; bien des gens, hommes et femmes, pele-mesle sont tombez dans l'eau, mais personne n'a esté noyé.

Les maladies que l'infirmité humaine cause quelquefois aux filles de l'Opéra demandent une absence de six mois de suite pour les guérir.

Autrefois, on ne vouloit point de femmes mariées à l'Opéra; maintenant il y en a trois avec leurs maris, savoir : M. Renaud, M. Thevenart, M. Deschars. La plupart des autres filles ont des patrons qui les entretiennent à grands frais : ce sont des femmes non mariées. Il y en a ordinairement quelqu'une incommodée du mal de ceinture, et dont il faut élargir le corps. Il n'y a guere d'année où cet accident n'arrive. Autrefois M. Lully n'entendoit pas raillerie là-dessus, et personne n'alloit dans l'orquestre ni sur le théatre; il n'y avoit que les acteurs et les musiciens. On s'est relaché par l'avidité du gain, et, lorsque M. le Dauphin venoit à l'Opéra, ne sachant où placer ce qui estoit de sa suite trop nombreuse et les courtisans qui y alloient pour se faire voir et leurs justaucorps, on les plaça où l'on put, et ce qui n'estoit qu'un accident qui ne devoit point tirer à conséquence devint enfin une habitude. M. Lully, pour les empescher d'y aller, doubla le prix de ces places et les mit à un louis d'or, au lieu que les plus commodes des loges et de l'amphithéatre ne sont que de demi-louis. Cela ne servit qu'à faire plus d'envie à ces messieurs d'y aller, pour se faire voir et pour avoir le plaisir de conter des douceurs aux actrices qui seroient le plus à leur gré. C'est là que se commencent toutes les amourettes et que se donnent les rendez-vous. En un mot, c'est l'origine des maladies de l'Opéra. Un seigneur de la cour et un riche partisan se font un mérite d'avoir pour maitresse une fille de l'Opéra ; cela est du bel air, c'est la mode : celle-là passeroit pour une malheureuse, qui n'auroit point d'amant. Parmi les courtisans, il y en a plusieurs qui d'ordinaire n'ont pas d'argent comptant. Cependant, comme on ne fait point de crédit à l'Opéra ni à la Comédie, on s'est avisé de faire des pensionnaires, c'est à dire que l'on convient de donner par an 30 ou 40 pistolles, à quoi l'on est abonné, et l'on a la liberté d'aller à l'Opéra ou à la Comédie tant que l'on veut et de choisir telle place que l'on désire : c'est ordinairement le théatre, à cause des filles. Ainsi l'Académie de musique est aussi devenue l'académie d'amour. L'on ne remédie jamais à cet inconvénient qu'en empeschant à toutes sortes de gens d'aller sur le théatre. Le roy s'estant une fois expliqué là-dessus en mettant un garde qui ne laisseroit entrer que les acteurs et ceux qui les servent, les grands seigneurs seroient contraints d'obéir. M. Francine tout seul n'en viendroit pas à bout sans se faire des affaires avec ces gens.

Une des premieres qui soit devenue grosse est Louyson Moreau. Elle cacha l'affaire le plus longtemps qu'elle put; mais enfin Mlle Aubry et Mlle Verdier, sa bonne amie, allerent voir là-dessus M. Lully et lui découvrirent la chose. Il profita de l'avis et voulut maintenir l'Opéra en honneur et n'y recevoir que d'honnestes filles : il mit Louyson dehors. Cela fit du bruit et retint les autres dans le devoir. Il y eut bien des gens qui s'employerent pour faire rentrer Louyson, lorsqu'elle fut relevée de maladie, mais en vain. Elle s'avisa enfin de faire prier Mlle Certain, qui avoit beaucoup de pouvoir sur M. Lully, qui estoit sa bonne amie et chez laquelle mesme il faisoit quelque fois des répétitions de certains endroits de ses opéras. Il ne put résister à la priere de sa maitresse, et Louyson rentra. Lorsqu'elle parut pour la premiere fois après plus de sept à huit mois d'absence, il se fit un brouhaha dans toute la salle, qui marquoit la joye que l'on avoit de revoir une des plus belles voix et des meilleures actrices de l'Opéra.

L'avis que Marguerite Aubry avoit donné estoit bon, mais on rioit de ce que ce fust elle qui l'eust donné, puisque l'on sçavoit bien qu'elle ne valoit pas mieux que Louyson; mais elle a esté plus heureuse qu'elle : elle a toujours paru à l'Opéra, dont elle n'est sortie que parce qu'elle estoit devenue trop grosse et toute ronde, ce qui fait un méchant effet sur le théatre. Elle a esté quatorze ou quinze ans à l'Opéra, où elle a toujours joué son roole régulierement. Il n'y eut que pendant quinze jours qu'elle se brouilla avec M. Lully pour quelque bagatelle. Elle a encore la voix belle, claire, argentine et nette. Elle estoit bonne actrice et avoit tousjours les premiers rooles. Elle a encore cinq cents livres de pension de l'Opéra. Il n'y avoit qu'elle qui eust du geste et de l'action; les autres, pour la plupart, estoient comme des termes qui chantoient.

Le sieur Beaumaviele, parmi les hommes, estoit aussi le meilleur acteur. On peut mettre aussi de ce nombre le Sr Clediere, qui est maintenant de la musique du roy. Je ne parle icy que des anciens opéras; les choses ont changé depuis.

L'homme de cour, pour l'ordinaire, estant dépouillé de ce qui éblouit le monde, les charges, les dignitez, le grand train, etc., et n'estant consideré que personnellement, est un grand hableur, souvent plus ignorant que le bourgeois, et décidant de tout ce qu'il ne sçait et n'entend point. Moliere, dans la comédie des *Femmes sçavantes*, a dit beaucoup de bien des gens de cour et du mal des gens de lettres ; mais c'est par interêt : il vouloit flatter les courtisans pour faire réussir sa piece. Il y a bien des gens qui ne voyent que par les yeux d'autrui. M. le duc un tel dit que cela est merveilleux, que cela est enchanté. Donc cela est beau ! conclut le client, qui n'oseroit dire ce qu'il en pense. Parmy les courtisans, il n'y a point d'ouvrage mediocre, ni passablement bon : « il est merveilleux, admirable, enchanté, il enlève » ; ou bien, tout au contraire : « il est détestable, miserable, il faut bruler le livre et l'auteur » ; et tout cela, la plupart du temps, est décidé au hazart. Il y a l'estoille du berger, à l'égard de ces gens-là, pour les ouvrages d'esprit comme pour les faveurs amoureuses ; presque tout par caprice ; rien par raisonnement : il en couteroit trop d'examiner et de juger ensuite sans prévention.

BALLET DES SAISONS

Représenté par l'Académie Royale de Musique.

Imprimé à Paris, chez Ballard, 1695, in-4°.

Cet opéra a esté représenté pour la premiere fois le vendredi septième octobre 1695, à Paris. Les principaux acteurs sont :

Melpomene, représentée par Mlle Thevenart.
Euterpe, Mlle Guyard.
Permesse, le Sr Dun.
Clio, Mlle Uzé.
Apollon, le Sr Thevenart.
Le Printemps, le Sr Renaud.
Zephyre, le Sr Chopelet.
Cloris, Mlle Rochois, la nièce.
Flore, Mlle Moreau.
L'Esté, le Sr Boutelon.
Vertumne, le Sr Thevenart.
Pomone, Mlle Morlan.
Cerès, Mlle Rochois.
L'Automne, le Sr Thevenart.
Cephise, Mlle Mariane.
Ariadne, Mlle Renaud.
Bachus, le Sr Hardouin.
L'Hyver, le Sr Desrois.
Aquilon, le Sr Chopelet.

Borée, le S⁏ Dun.
Orythie, M⁏⁏ᵉ Rochois.
Momus, le S⁏ Dun.

Les principaux danseurs sont : L'Estang, Pifetot, Balon, Magny, Deschars, etc.

Les danseuses sont : M⁏⁏⁏ᵉˢ Subligny, Deschars, Desplaces, Du Fort l'aisnée ou Babet, et Du Fort la cadette, Florence, Carré, Freville, Germain.

Les airs de danse sont de feu M. Lully.

La musique pour les vers est de M. Colasse, élève de Lully et l'un des maitres de musique de la chapelle du roy.

M. Francine a cédé le reste de son privilège de l'Opéra à M. Tossin, banquier, et à M....., à condition de fournir comptant quarante mille livres pour payer les debtes pressées aux acteurs, décorateurs, etc., et qu'ils auront quinze mille livres sur les revenans bons ou receptes journalieres de l'Opéra, et que le surplus de la recepte appartiendra, sçavoir : vingt mille francs à M. de Montarsis, et ce qu'il y aura de reste, évalué à peu près à vingt mille francs, sera pour M. Francine.

Il est deu à M. de Montarsis par M. Francine

plus de quatre vingt dix mille livres. Pour sureté des quarante mille francs avancez par les banquiers, on leur a affecté les décorations et équipages de l'Opéra.

Cela a esté vendu en juin 1694, à Paris.

L'année derniere, 1693, a valu soixante mille livres, sans frais payez.

Les frais vont à quarante cinq mille francs par an.

Sur les Filles de l'Opéra a Paris, en 1696.

BRANLE DE METZ.

Voulez-vous sçavoir l'histoire
Des filles de l'Opéra,
Un seul branle suffira
Pour vous remplir la mémoire...
Ah! qu'un branle convient bien
A tant de filles de bien !

Ce beau lieu fournit des belles
A tous les gens d'à présent :
Desmatins, pour de l'argent ;
La Moreau, pour des dentelles;
La grande Diart, pour son pain;
La Rochois le fait pour rien.

La Deschars, pour la bombance;
La Renaud, pour un habit;
La Carré, pour le déduit;
La Desplace, pour la pance;
La Dufort, pour des bijoux...
Ah ! que les hommes sont foux !

La Florence, pour des meubles;
La Uzé, à tous venans;
La Denise[1]*, pour des gands;*
La Subligni est toute seule;
Marlane, pour un contrat;
La Borgnon n'a pas un chat.

La Pelerin, pour une rente;
Maupin, pour un justeaucorps;
Louyson, comme la Dufort;
Thevenard est trop puante;
Germain, pour un falbala;
La Freville est maxima.

L'on marchande la Lemaire,
Mais l'on n'aura pas les gands.
La Descots aime les grands :
Elle fait comme sa mère...
Enfin elles nous trompent tous,
Elles se moquent de nous.

---

1. Desmatins la cadette.

Critique de l'opéra de *la Naissance de Venus*

REPRÉSENTÉ A PARIS EN 1696.

Sur l'air : *Il ne fait point mal au cerveau.*

L'abbé Pic, Colasse et Pecour,
Enchantent la ville et la cour;
Ils font sortir Venus de l'onde;
La bonne dame dit tout net :
« Je viens rendre heureux tout le monde... »
Chacun répond : « C'est fort bien fait. »

Un merveilleux estonnement
Suit ce pompeux evenement :
Il ne sçauroit manquer de plaire;
C'est l'Amour qui fait les honneurs
De la naissance de sa mere...
La nouveauté charme les cœurs.

L'adroit Mercure, pas à pas,
Suit la déesse des appas;
C'est en vain que Neptune en jure !
Tous ses chagrins sont superflus :
Peut-on se passer de Mercure
Aux lieux où respire Venus?

Vulcain, qui ne la connoît pas,
Est enchanté de ses appas :
Pour épouser cette déesse,
De ses fourneaux il est venu.
Est-il le premier qui s'empresse
Pour que l'on le fasse cocu?

Jupiter a la foudre en main,
Pour consumer le genre humain;

Car il est jaloux de Neptune.
Ce Dieu, qui n'est pas moins brutal,
Veut inonder jusqu'à la lune,
Si Venus est à son rival.

Pour ne point faire de jaloux,
Venus prend Vulcain pour époux.
Ce denouement est admirable;
Chacun crie, en voyant cela:
« Peut-on, sans se donner au diable;
Faire un si charmant opéra ! »

Mais ce Prologue a mille appas.
Pourquoi n'en parlerons-nous pas?
On voit dans une paix profonde
Les trois Graces y sommeiller.
Pour plaire au plus grand roy du monde,
On dit qu'il faut les éveiller.

L'opéra de *Théagène et Cariclée* a esté représenté à Paris pour la premiere fois le 2 avril 1695. Les vers sont de M. Duché; la musique est de M. Desmarais.

(*Extrait d'une critique détaillée de cet opéra.*)

Dans le prologue, le dieu Pan sort de son caractere ordinaire, qui est de ne parler que des choses champestres : il loue le roy en vers héroïques, comme Apollon.

Tout est commun et rampant dans ce prologue.

Cet opéra est tout plein d'enchantemens. On n'y voit partout que des démons; il y auroit de quoi en fournir quatre autres pièces, ce qui marque le peu de génie du poëte, qui n'a pas eu l'art d'imiter Héliodore, où il n'y a point de magie: tout y arrive naturellement et se demesle sans peine, ce qui rend l'histoire bien plus vraisemblable.

Meroèbe, prince éthiopien, rival de Théagène et célèbre magicien.

Ce personnage n'est qu'un jeune homme de dix-sept ans dans Héliodore : le poëte, qui veut mettre de la magie partout, en a fait un des principaux acteurs de sa pièce.

La musique est froide et languissante, les récits ennuyeux. Elle n'a point plu autant que celle de l'opéra de *Didon*, qui estoit du même auteur, qui avoit beaucoup copié M. Lully, et c'est ce qui l'a fait réussir, parce que l'on aime toujours à entendre de belles choses, sous quelque nom qu'elles paroissent. Son opéra de *Circé* n'a pas eu le mesme succez, parce qu'il n'a pas tant pillé, et *Théagène* ne peut manquer de trembler, puis que le musicien a voulu travailler de luy-mesme. Dans ses trois opéras, il a toujours esté de bien en mal. C'est le contraire des habiles gens, qui se perfectionnent toujours.

Le théatre représente une vaste campagne, couverte de plusieurs tombeaux (acte 2, page 13).

Tous les tombeaux s'ouvrent, et les ombres qui paroissent s'unissent aux magiciens pour favoriser Arsace et Meroèbe (acte 2, scène 5, page 20).

Cette decoration a quelque chose de fort bizare. Outre les pyramides qui sont aux deux costez et au fond du théatre, il y en a six grandes qui le coupent en plusieurs allées, ce qui fait le plus méchant effet du monde. Les principaux acteurs et ceux des chœurs ne paroissent qu'à peine, et, par dessus le tout, il y a une entrée de magiciens qui ne sçavent où se mettre et dont les danses sont entrecoupées par ces pyramides. Cette danse finie, les pyramides s'ouvrent et laissent voir quinze ou vingt momies, toutes plus laides les unes que les autres; ce qui fait mal au cœur à voir. L'auteur nous dit que *les ombres qui paroissent s'unissent aux magiciens pour favoriser Arsace et Meroèbe* (page 20). Tout le monde s'attendoit là-dessus de voir danser et d'entendre chanter un chœur de momies, ce qui auroit esté fort singulier et fort divertissant, cela auroit fait redoubler les sifflets du parterre; mais l'on ne vid rien de semblable : les momies demeurerent debout, enfermées dans leurs pyramides, et on ne voit pas en quoi elles *favoriserent Arsace ni Meroèbe*. C'est une imagination de l'auteur, qui n'a rien de réel. Il paroît mesme qu'il ne se souvient pas qu'il a dit au premier acte, page 1, que *le théatre représente le palais d'Hydaspes, roy d'Ethiopie.* La scène est donc en Ethiopie. La princesse Arsace, dans le second acte, est encore à la cour de ce roy. Il seroit bon que le poëte, ou le machiniste qui a deu travailler sous sa conduite, nous fist voir, par quelques bons autheurs, qu'il y eut des pyramides et des momies en Ethiopie. J'ai creu jusqu'à présent que ce n'estoit qu'en Egypte que l'on en trouvoit; ce qui donne lieu de croire que la scène est plutôt en Ethiopie qu'en Egypte, c'est qu'Heliodore dit précisément, dans son dixième livre, que ce fut dans l'Ethiopie que le roy Hydaspes reconnut sa fille Cariclée sur le point qu'elle alloit estre sacrifiée.

Acte 3, page 23. Le théatre représente un temple consacré au dieu du fleuve Stix; il est percé par le fonds, et laisse voir les ondes de ce fleuve. Et scène 3, page 27:

Dieu tout puissant, dont la grandeur suprême
Fait trembler sous ses lois les cieux et les enfers,
Destin, qui reglez seul tout ce vaste univers,
Et qui seul, sans deffaut, suffisez à vous-même,
O Stix, fleuve terrible abhorré des mortels !

Je ne sçai où l'auteur a pris que le Stix et le Destin fussent un même dieu. Le Stix est une des divinitez infernales. Voyez ce qu'en dit Natalis Comes, dans sa *Mythologie*, lib. 3, chap. 2. Pour ce qui est du Destin ou Fatum, il faut voir le troisième acte de l'opéra de *Thetis et Pelée*, où l'on trouvera tout ce que l'on peut dire de plus beau sur ce sujet.

Dans la décoration de *Théagène*, les eaux de Stix sont rouges; ce qui est contraire à ce que les Anciens nous ont dit et que M. Quinault a fort bien remarqué dans l'opéra d'*Isis*, acte 2, scène 2, où il fait parler Jupiter de la sorte :

> *Noires ondes du Stix, c'est par vous que je jure!*
> *Fleuve affreux, écoutez le serment que je fais!*

Page 21, acte 2, scène 5. Un tourbillon de nuages descend, et, après avoir remply le haut du théatre, se développe et laisse voir Hécate qui descend.

Cette machine a esté trouvée ridicule. C'est à proprement parler un escalier de nuages, qui est en ziczac. On a fort bien fait de choisir, pour représenter Hécate, la fille la plus hardie de l'Opéra, Mlle Desmatins. Elle ne descend de ce casse-cou qu'avec peine; elle est même obligée de s'appuyer sur des cordes qui servent de rampes à cet escalier de nouvelle invention. Il auroit esté bien plus séant et moins dangereux de la faire asseoir sur des nuages, comme dans un char, qui l'auroient portée sur le théatre.

La Muse de la tragédie, ayant lu l'opéra de

Théagène, le rend à Mercure, qui le lui avoit laissé; elle n'a pas jugé à propos de le montrer à Apollon ni à ses Sœurs: il n'en vaut pas la peine. Elle lui recommande de le porter aux champs Élysées, pour le faire voir à Héliodore, à Quinault et à Lully, à cause de la part qu'ils y prennent.

On peut appliquer au poëte et au musicien cet épigramme de Martial (lib. 1, epig. 39), parce qu'ils ont fait de mauvaises copies sur de bons originaux:

Quem meus est recitas, o Fidentine, libellus;
Sed, male cum recitas, incipit esse tuus.

Une ombre, venue nouvellement aux champs Élysées, après avoir veu la représentation de Théagène, dira à Quinault et à Lully ce que l'on dit de la musique et du spectacle. Héliodore, après avoir lu le livre de la pièce, fera ses remarques sur la conduite, les vers, etc.

Page 29, acte 3, scène 5. Arsace, par ses enchantemens, fait que Théagène endormi est apporté par quatre demons: elle fait ce qu'elle peut pour faire croire à Théagène que Cariclée ne l'aime plus, et même en sa présence.

Cela est imité de l'opéra de *Thesée* (acte 4, scène 3, page 49), où Médée fait son possible pour faire croire à Thesée qu'il n'est plus aimé d'Æglé sa maitresse. La différence qu'il y a, c'est que la musique de *Thesée,* en cet endroit, est charmante et d'une variété admirable, en un mot digne de M. Lully. Celle du Sr Desmarais, au contraire, en cet endroit de *Théagène,* est très médiocre, pour ne rien dire de plus. Citez là-dessus l'épigramme de Martial, I, 39.

Page 36, acte 4, scène 2. Thetis portée sur un monstre marin.

Un dauphin, qui a le dos assez étroit et fort rond, est chargé d'une très grande coquille où est assise Mlle Desmartins, qui représente Thetis; elle vient d'un costé du théatre et ne se montre que de profil, ce qui fait un méchant effet. L'on craint, au moindre mouvement que fait le monstre marin, que toute la machine ne soit renversée; l'on craint toujours que l'actrice ne s'estropie. Cette machine et celle de l'escalier dont il a esté parlé cy-dessus sont dangereuses. C'est la même actrice qui à l'une et à l'autre s'expose à être blessée, et tout cela sans necessité. Il n'y avoit qu'à faire conduire cette conque marine par deux dauphins qui se présenteroient de face : le spectacle en seroit plus beau et sans péril.

La mer y est fort mal représentée. Ce sont de grandes planches barbouillées de bleu fort grossierement; elle n'a aucun mouvement, par conséquent, ce qui est contre le vraisemblable. C'est avec cette même mer qui étoit à l'opéra de *Persée* lorsqu'on recommença à le jouer l'an 1695.

Cette mer immobile convenait-elle à ces vers de *Persée* (acte 4, scène 2, page 40) que M. Dun et Mlle Rochois chantoient si bien en représentant Phinée et Mérope :

> *Les vents impétueux s'échappent de la chaîne*
> *Qui les forçoit d'être en repos.*
> *Une tempeste soudaine*
> *Souleve les flots,*
> *Mer vaste, mer profonde,*
> *Dont les flots sont émus par les vents en courroux.*

Du vivant de M. Lully, cet homme incomparable, qui ne vouloit rien négliger de ce qui pouvoit servir à rendre le spectacle plus beau et qui avoit un bon goust universel sur toutes choses, cette mer estoit toujours agitée; mais, en cet endroit surtout, elle s'elevoit beaucoup, et l'on avoit taché d'imiter en cette représentation la vérité de la nature.

Sur Mlle Rochois, actrice de l'Opéra, a Paris, 1697.

SONNET.

Lorsque pour son amour la Rochois inquiète
Attise d'un coup d'œil les feux de son amant,
Par d'amoureux accens quand sa bouche répète
Ce que ses doux regards ont dit si tendrement,

Le sincere Parterre à grand bruit lui fait feste :
Il est, plus que Renaud, dedans l'enchantement[1] *;*
Aux loges il n'est point de femme assez coquette
Pour ne souhaiter pas d'estre homme en ce moment.

De nos soupirs Æole empliroit plus d'un outre ;
On sent... Je dirois trop si j'allois passer outre ;
Au temps du roy François, Marot eust mieux rimé.

Armide ne fut pas aussi touchante qu'elle.
Sans secours des enfers Renaud auroit aimé,
Et le Ciel n'auroit pu l'arracher à la belle.

Par M. Boyer,
de l'Académie françoise.

Sur la Florence, danseuse de l'Opéra, a Paris, 1697.

La Florence est jeune et jolie.
  Je voudrois bien
Pouvoir contenter mon envie :
  Soir et matin
Loger mon petit Grimaudin
Dans son chateau de Gaillardin.

---

1. C'est dans l'opéra d'Armide.

Sçavoir en quelle année sont sorties de l'Opéra Mlles de La Fontaine et Louyson Moreau, pour aller au couvent ?

Réponse : Il y a eu quatre ans à Pâques dernier que Mme Louyson Moreau a quitté l'Opéra, et, trois mois après, Mlle de La Fontaine, en 1696. — En 1692.

En quel couvent se retira Mlle Moreau ?

R. Aux Hospitalieres du faubourg Saint-Marceau.

Sur l'opéra de *l'Europe galante,* dont une partie de la musique a esté faite par M. de Campra, maitre de musique de Notre-Dame de Paris, l'an 1697 :

> *Quand notre Archeveque sçaura*
> *L'auteur du nouvel opéra,*
> *Aussitost il decampera*
>   *De Campra.*

Variante :

> *Tout aussitost de Campra*
>   *Decampera.*

Noms des Actrices de l'Opéra.

Mlle Moreau.
Mlles Desmatins.
Mlle Diart.
Mlle Decos.
Mlle de Subligny.
Mlle Dufort.
Mlle Florence.
Mlle Marie Anne.
Mlle Pellerin.
Mlle Maupain.
Mlle Freville.
Mlle des Chars.
Mlle Regnault.
Mlle Guillet.
Mlle des Places.
Mlle Gruelle.
Mlle Lamendy.
Mlles Louyson Senes, Le Maire, Carré, Prevost, Uzé.

※

A la Regle d'or. Foucault, marchand, à l'enseigne de la Regle d'or, rue Saint-Honoré, près le cimetiere Saint-Innocent.

Vend, tous les mois, un petit recueil d'airs sérieux et à boire, à II et III parties, qui ne coûte que dix sols, et toutes sortes de nouveautez en musique.

Les plus beaux endroits des opéras de M. de Lully, en II volumes écrits à la main. Symphonies pour le violon, flutes et hautbois.

Les Leçons de ténèbres, de M. Lambert.

Les Motets et Elévations à III parties, de M. de Lully.

Il vend et achepte toutes sortes de vieux opéras.

On trouve chez luy les opéras de *Psyché, Cadmus, Alceste, Thésée, Atys, Isis, Bellerophon, Proserpine, le Triomphe de l'Amour, Persée, Phaëton, Amadis, Roland, Temple de la Paix, Armide, Acis et Galathée, les Festes de l'Amour et de Bacchus, la Mascarade, Achille, Zéphire et Flore, Thétis et Pelée, Enée et Lavinie, Coronis, Astrée, Alcide, Didon, Médée, Procris, Circé,* et *Théagène,* et les anciens ballets de M. de Lully, en six volumes écrits à la main, partition in-folio.

Ceux qui veulent faire écrire de la musique peuvent s'adresser chez luy.

A Paris, 169..

Sur Mlles La Fontaine et Moreau,

Filles de l'Opéra.

Heureuses filles, qu'un sauveur
Vient d'arracher au précipice,
Vous quittez l'Opéra, cette école du vice,
Dont le poison funeste est rempli de douceur.
Ce dangereux venin par les sens tue une ame,
Mais le cœur enchanté ne sent point ce trepas :
Il ignore son mal et chérit ces appas.
O spectacle cruel, ô malheur d'icy-bas,
Jusqu'à quand prendras-tu les mortels dans tes lacs !
Opéra, qui dérobe au Ciel tant de victimes,
Tu perds, par un sermon, ton plus charmant appuy :
Ce qui faisoit ta gloire, et qui causoit tes crimes,
Est de la pénitence un miracle aujourd'huy.

Mlle de La Fontaine, une des meilleures danseuses, se retira aux Religieuses de l'Assomption, rue Saint-Honoré à Paris, où elle est encore l'an 1696. Elle n'est point religieuse, mais seulement pensionnaire ; elle en peut sortir quand il luy plaira.

Mlle Louyson Moreau estoit une des fameuses danseuses ; elle se retira au couvent des Hospitalieres du faubourg Saint-Marceau.

Elle en est sortie depuis, elle n'a pas voulu rentrer à l'Opéra. Sa sœur cadette, Françoise Moreau, est encore à l'Opéra, dont elle fait un des principaux ornemens.

Ce fut à la feste de Pasque de l'an 1692 que Mlle Louyson Moreau quitta l'Opéra, et trois mois après Mlle de La Fontaine en fit autant.

ÉPIGRAMME SUR LA MORT DE JEAN-BAPTISTE LULLY, GRAND MUSICIEN, A PARIS, EN 1687.

Quel dommage! Le pauvre Lully,
Cet homme en musique accomply,
Et qui faisoit des airs si tendres,
Il est mort, et fort regretté;
Mais encor, s'il fust mort comme il l'a mérité,
Nous en aurions pû voir les cendres.

CHANSON SUR LULLY.

Un jour, l'Amour dit à sa mere :
« Pourquoi ne suis-je pas vestu ?
Si Baptiste me voit tout nu,
C'en est fait de mon derriere. »

LES MIRACLES INCROYABLES.

ÉPITAPHE.

Nous sommes au temps des miracles :
Baptiste[1] fait de beaux spectacles,
Fourbet cesse d'estre larron,
Amathonte est chaste et discrète,
Polymene n'est plus poëte,
Et Rollet n'est plus un fripon.

POLYMENE.

MADRIGAL DE M. QUINAULT SUR SES FILLES A MARIER.

Ce n'est point l'opéra que je fais pour le roy
    Qui m'empesche d'estre tranquille,
Car ce qu'on fait pour luy paroist toujours facile.
    La grande peine où je me voi
    Est d'avoir cinq filles chez moy
    Dont la moins agée est nubile.
Il les faut establir, je le voudrois pouvoir ;
Mais à suivre Apollon on ne s'enrichit guere.
C'est, avec peu de bien, un terrible devoir
De se sentir pressé d'estre cinq fois beau-pere.
    Quoy ! cinq actes devant notaire,
    Pour cinq filles qu'il faut pourvoir !
    O Ciel ! peut-on jamais avoir
    D'opéra plus facheux à faire !

---

1. Lully.

Les Festes de l'Amour et de Bacchus, 1672. Les vers sont de M. Quinault et de M. de Moliere, la musique de M. Lully.

Le Carnaval, mascarade, 1675. Les vers françois sont de.... ; les vers espagnols sont de Moliere ; les vers italiens sont de Moliere et de Lully ; la musique est de M. Lully.

Le Triomphe de l'Amour, ballet, 1681. Les vers que l'on chante sont de M. Quinault ; les vers pour les personnes du ballet sont de Benserade; la musique est de M. Lully; les machines sont d'un Italien nommé Rivany.

Le Temple de la Paix, ballet, 1685. Les vers sont de M. Quinault, la musique de M. Lully.

Acis et Galatée, 1686. Les vers sont de M. Campistron, la musique de M. de Lully.

Questions et Réponses.

A quel opéra Mlle Rochois a paru pour la premiere fois? Elle est entrée à l'Opéra dans l'année 1679. — R. A *Bellerophon*, dans le rolle de Stenobe, à la place de Mme Aubry, en 1680, et ensuite à *Proserpine*, dans le rolle d'Aresthuse.

En quelle année et à quelle piece on a commencé à siffler au parterre? —*R*. Au *Baron des Fondrieres*, du sieur Corneille le jeune et de Vizé.

En quelle année on a retranché les appointemens de l'Academie de peinture et d'architecture? — *R*. En avril 1694.

En quel temps Mlle Aubry est sortie de l'Opéra? — *R*. En 1686. Elle a fini par *Proserpine*, et Mlle Verdier trois ans auparavant, aussi à *Proserpine*.

RAISONS QUI PROUVENT MANIFESTEMENT QUE LES COMPOSITEURS DE MUSIQUE OU LES MUSICIENS QUI SE SERVENT DE CLAVECINS, LUTHS ET AUTRES INSTRUMENS D'HARMONIE, POUR L'EXPRIMER, N'ONT JAMAIS ESTÉ ET NE PEUVENT ESTRE DE LA COMMUNAUTÉ DES ANCIENS JONGLEURS ET MENESTRIERS DE PARIS, QUI ONT PRIS LE TITRE DE VIOLONS, MAITRES A DANSER, ET JOUEURS D'INSTRUMENS TANT HAUTS QUE BAS ET QUE LES JUREZ D'OFFICE DE LADITE MAITRISE N'ONT AUCUN DROIT SUR EUX.

Imprimé à Paris, in-quarto, en 46 pages.

Le rebec étoit l'ancien violon, ainsi nommé, parce qu'il a ses dessus, basses et autres parties, est accordé et se joüe de même que le violon. La seule difference entre les deux instrumens est que le rebec est fait en forme d'un batoir, échancré par les quatre angles, n'ayant que trois cordes, et que le violon est arrondi et augmenté d'une corde, la plus basse et moins utile, en sorte qu'on peut dire du violon qu'il n'est qu'un rebec déguisé (page 3).

Les statuts et ordonnances que le roy a donné à la maitrise du violon sont du mois d'octobre 1548. Sa Majesté les a confirmez par Declaration du mois de novembre 1692 (page 5).

Il y a deux classes en la maitrise du violon : la premiere et la principale est celle des anciens maitres de sales, qui ne joüent du dessus de cet instrument, que pour montrer à danser à leurs écoliers, tenant au dessous d'eux de jouer en bande aux lieux publics, et ce sont eux qui sont compris par le titre de violons maitres à danser, qui signifie joueurs de violon pour montrer à danser.

La seconde classe est celle des joueurs de haute-contres, tailles, quintes et basses, qui sont tous instrumens differens en grandeurs, accordez de differentes élevations de sons, et qui ne peuvent servir pour montrer à danser, d'autant qu'ils ne jouent que des parties qui chantent si differemment du dessus qu'il seroit impossible à un écolier d'y pouvoir rien entendre; la plupart desquels joueurs de parties n'ont aucune connoissance de la danse, leurs fonctions n'étant que de jouer en bandes avec des dessus de leurs cadrilles aux lieux publics; lesquelles, quoique necessaires, sont si peu estimées que les joueurs de dessus les nomment en derision *parties honteuses*, et c'est pour comprendre cesdits joueurs de parties de différente élevation qu'ils ont ajouté à leurs titres : joueurs d'instrumens tant hauts que bas (pages 5 et 6).

En 1330, au commencement de la fondation de Saint-Julien-des-Ménestriers, ils ne jouoient que des vielles (page 6).

Leur titre estoit : Compagnons jongleurs, ménestraux ou ménestriers, et, personnellement, au lieu de dire un vielleux, on disoit un ménestrier (page 6).

Dans les *Antiquitez de Paris,* imprimez à Paris en 1640 par Pierre Rocoles, au chapitre de la fondation de l'hopital Saint-Julien-aux-Ménestriers, folio 57, il est dit qu'en 1331 il se fit une assemblée, audit hopital, de jongleurs et de ménestriers, lesquels d'un commun accord consentirent tous à l'érection d'une confrairie sous les noms de Saint Julien et Saint Genest, et en passerent lettres qui furent scellées au Chastelet, le 23 novembre dudit an; d'où est venue l'origine de cette maitrise, et ce qui est une preuve autentique que leur titre estoit pour lors : Jongleurs ménestriers (page 6).

Ces jongleurs ménestriers estoient des gens ramassez, dont la cohue nombreuse se nommoit *ménestrandiers*, lesquels faisoient sauter des singes dans des cercles, des tours de gibeciere et autres fonctions de basteleurs, pendant que leurs compagnons jouoient de la vielle. Ce qui est d'autant plus vraisemblable que plusieurs traitez de la recherche des mots, comme Charles Estienne, Antoine Oudin, Richelet, Furetiere et autres, interprètent tous ce mot de *jongleur* par *charlatan, basteleur, farceur et joueur de vielle*, et que par conformité à leur mestier, ces jongleurs et ménestriers avoient pris Saint Genest pour leur patron, lequel de basteleur payen se fit chrestien en un instant et fut martyrisé à Rome en plein théatre, l'an 303, en présence de l'empereur Dioclétien (page 6).

Au mesme folio des susdites *Antiquitez*, il est dit que ces jongleurs ménestriers, en 1330, firent un sceau de laton, rond, pour sceler les quittances de ceux qui feroient des legs ou aumônes audit hopital, au milieu duquel estoit Nostre Seigneur dans une nef en guise de cadre, Saint Julien à l'un des bouts, tenant deux avirons, et à l'autre bout sa femme, tenant un aviron d'une main et de l'autre une lanterne. Au dessus de l'épaule dextre de Nostre Seigneur il y avoit une fleur de lys. Auprès Saint Julien estoit Saint Genest, tout droit, tenant une vielle comme s'il vielloit et estoit entre deux hommes agenouillez; autour duquel estoit escrit : *c'est le sceau de Saint Julien et de Saint Genest, lequel a esté vérifié au Chastelet et à la Cour de l'Official.* Ce qui peut servir de preuve autentique que la vielle estoit pour lors leur instrument péculier. D'autant plus que depuis l'invention du violon, issu du rebec, comme le rebec de la vielle, les maitres ayant abjuré l'un et l'autre pour s'y adonner, ledit sceau mis au néant, ils ont accomodé Saint Genest à leur estat présent et l'ont mis au portail dudit hospital, tenant un violon, comme on l'y voit aujourd'hui, toutefois avec une robe de vielleux, qui lui laissera toujours quelque indice de leur premier mestier (pages 6 et 7).

Dans la declaration du roy, du second novembre 1692, il est dit que Thomas Duchesne, joueur de violon, Jean Godefroy, maitre à danser, Vincent Pesant et Jean Aubert, aussi joueurs de violon et maitres à danser, ont levé ès revenus casuels les quatre offices de jurez héréditaires, tous de la communauté des maitres à danser et joueurs d'instrumens tant hauts que bas et hautbois de Paris, moyennant dix-huit mille livres qu'ils ont payées, dont les lettres de provision leur en ont esté délivrées les 25 et 31 mars et 25 juin 1691, etc (page 19).

En 1328, que les premieres souches de la communauté des violons divertissoient le menu peuple avec des vielles, singes et gibecieres, en vendant du galbanum, leurs titres honoraires étoient de *ménestrandeurs de la ménestrandise, sauteurs, jongleurs, meneurs de singes et appointeurs de vielles;* mais le public, qui n'entroit point dans ce détail, ne les qualifioit que de *jongleurs ménestriers,* de même qu'aujourd'hui on ne les traite que de *violons,* sans avoir égard à leur titre de *joueurs d'instrumens tant hauts que bas.* Voyez les *Antiquitez de Paris,* fol. 571.

Les jongleurs, sous la conduite d'un chef de leur élection, se gouvernoient selon certains reglemens faits entre eux; mais, après l'érection de leur confrairie, qui fut en 1331 (un an après la fondation de Saint-Julien-des-Ménestriers), ils commencerent peu à peu à se purger. Ayant fait divorce avec les singes, ils firent d'autres réglemens, en 1397, sous le titre de *ménestrels,* qui ne regardoient plus que les vielleux, lesquels ne durerent que jusqu'à l'invention des rebecs. A quoi les principaux ménestrels s'estant adonnéz, ils firent de nouvelles ordonnances en 1407, où, ayant changé l'ancienne qualité de *jongleurs* en celle de *ménestrels, joueurs d'instrumens tant hauts que bas,* parce qu'il y avoit des dessus et des basses de rebecs, ils en demanderent la confirmation au roy Charles six, qui la donna, à Paris, le 24 avril 1407 (page 29).

Du Manoir, pour distinguer les maitres à danser des ménestriers joueurs de nopces et de marionnettes, s'est avisé du titre énigmatique de *violons maistres à danser et joueurs d'instrumens tant hauts que bas*, dont il a demandé au roy la confirmation, au nom de toute la ménestrandise, en 1658, lequel titre a esté finalement réduit, par une déclaration du roy du 2 novembre 1662, à celuy de *maistres à danser et joueurs d'instrumens tant hauts que bas et haulbois*, que Sa Majesté a ajouté à cette maitrise, à la requeste des jurez, comme servant à la danse avec les violons; et cette adjonction est une preuve incontestable que Sa Majesté a connu que ce *tant hauts que bas*, bien loin de signifier tous les instrumens, n'est qu'une expression grossiere des maitres violons pour comprendre toutes les parties en terme ambigu (page 30).

Les petites figures de pierre qui sont au portai de l'église de Saint-Julien-aux-Ménestriers, que ces jurez citent comme d'illustres titres, serviront de confirmation à ce qui a esté dit du mestier des premiers jongleurs, d'autant que la premiere des figures, du costé gauche, qui avoit une gibeciere de charlatan, que les maistres ont rompue *novissime*, pour payer la réunion de cet hopital, de peur qu'en chicane elle ne passât pour une bourse de queste; le singe, qui tient son meneur, simétrisant, du costé droit, la vielle du petit compagnon d'au dessus, et les deux petites boistes dont on voit encore les places au dessous des deux premieres figures, que les maitres ont aussi rompues parce qu'elles se pouvoient adapter à des petits troncs d'enfans trouvez, sont des hyeroglifiques confirmatifs, que les jurez ne peuvent récuser sans se rendre coupables, par leur propre aveu, que les premiers fondateurs estoient des basteleurs, vielleux, meneurs de singes et marchands de galbanum ; et toutes les autres figures compulsées, tenant trompette marine, cornemuse, fluste à trois trous, tabourins, sifflets de chaudronnier, echelette et claquebois, qui sont tous instrumens de charivari, ce grotesque assemblage ne peut qu'establir que leur musique n'étoit bonne qu'à faire danser les singes. En quoi on peut aussi remarquer la bestise de ces anciens fondateurs, esgale à celle de ces jurez-cy, d'avoir mis, en conformité de leur métier, de petits anges de pierre à la porte d'une église avec de tels equipages de charlatans (pages 31 et 32).

Il y a, au troisieme portail de la façade de Nostre Dame, du costé de l'Hostel-Dieu, plusieurs figures tenant toute sorte d'instrumens de musique du temps jadis (excepté le singe et la gibeciere), et néanmoins il est très evident que messieurs du chapitre n'ont jamais prétendu aucuns droits sur les musiciens (page 32).

A l'égard du sieur Lully, qu'ils citent et dont

l'habileté est assez connuë par ses ouvrages, bien loin d'avoir esté de la compagnie des violons, il en faisoit si peu de cas (veu le peu de facilité de quelques maitres à jouer leurs parties sans les avoir étudiées) qu'il les traitoit de maitres aliborons et de maitres ignorans. Il est bien vrai qu'il a joué du violon dans son bas âge ; mais, l'ayant reconnu au dessous de son génie, il y a renoncé pour s'adonner au clavecin et à la composition de musique, sous la discipline des feus sieurs Metru, Roberdet et Gigault, organistes de Saint-Nicolas-des-Champs (pages 32 et 33).

Les jurez violons ont plaidé plus de cinquante ans contre les violons de cabarets (qui se disent aussi joueurs d'instrumens), pour leur retrancher seulement une corde de leurs violons, les remettre à leur ancienne forme et premier nom de rebecs, croyant par ce déguisement ridicule les differencier des leurs. Ils ont poursuivi ces danseurs de ville, qui les ont fait condamner, par arrest de la Cour du 14 janvier 1667. Du Manoir, roy des menestriers, ayant envoyé de ses lieutenans dans les provinces pour même sujet, Adrien Le Fevre, en cette qualité, fut condamné à Abbeville, et ensuite Du Manoir à Paris, par arrest du 25 novembre 1667... Ils ont intenté procez contre les maitres qui tenoient assemblée, les dimanches, ayant plusieurs violons, qu'ils ont fait réduire à un seul par sentence de police du 27 novembre 1682. Ils ont procedé contre les joueurs de hautbois, qui les ont fait condamner, par sentence de police du 29 avril 1689 (page 34).

Charles Estienne, imprimeur à Paris en 1552, appuyé de l'autorité de Ciceron, explique *auletes*, *tibicen* et *aulædus*, un joueur de fluste, un ménestrier, et *choraules*, sous l'autorité de Martial, un ménestrier qui fait danser au son de la fluste, joueur de fluste aux jeux publics. L'auteur des *Antiquitez de Paris* (fol. 571) dérive *menestrier* de *histrio*, et dit, au mesme endroit : « Saint Genest est le vrai patron des ménestriers; aussi est-il peint avec une vielle. » Oudin explique *ménestrier* par *menestrandier, sonator di violino*, et *menestrandie, compania di sonatori*. D'où l'on peut coliger qu'au temps de Ciceron et de Martial (auquel il n'y avoit ni vielle ni violon), les ménestriers étoient des flusteurs publics, et en France, après l'invention de la vielle, des vielleux, et, depuis un temps plus moderne que le violon a esté usité, des joueurs de violons. Il n'y a point d'auteurs qui interprètent *menestrier* par musicien ou compositeur de musique qui touche le clavécin; ce qui estoit une différence essentielle entre la qualité de musicien et celle de ménestrier (pages 35 et 36).

Les accompagnemens sont nécessaires à la perfection de la musique; ils entretiennent l'harmonie, retiennent les voix dans la justesse, et les remettent quand elles s'en éloignent (page 37).

Les jurez violons disent qu'ils ont donné trente mille livres, dans l'espérance de jouir de tous les droits appartenant à ladite communauté sur tous les instrumens [sans exception, conformément au titre et à la possession de la communauté (page 38).

Les musiciens n'ayant jamais eu aucune part à la fondation de l'église Saint-Julien, ni aux élections de pas un des chapelains, ainsi que le témoigne l'inscription sur un marbre noir, posé en ladite église au dessus du banc des Anciens, dont voici un extrait :

« En l'honneur de Dieu, de Saint Julien et Saint Genest, ce present marbre a esté posé pour eternelle mémoire et reconnoissance de la fondation de la chapelle Saint-Julien-des-Ménestriers, rue Saint-Martin, faite par les maistres joueurs d'instrumens de violons et maistres à danser, en l'année 1331, le 23 novembre, ainsi qu'il a esté reconnu par la transaction, faite et passée par devant Charles et Levesque, notaires au Chastelet de Paris, le 25 avril 1664, entre les maistres joueurs de violon et à danser de cette ville de Paris et messire Jacques Favier, chapelain dudit Saint-Julien et pourveu d'icelle sur la nomination et presentation desdits maistres joueurs de violon, d'une part, et les révérends Peres de la

Doctrine chrestienne de la prevosté de Paris, etc. »

Plus bas suit que les Peres reconnoissent que de toute ancienneté et perpétuité lesdits maitres joueurs de violon et à danser sont les fondateurs, patrons laïques, présentateurs, gouverneurs et administrateurs de l'église (pages 39 et 40).

Les jurez, lorsqu'ils ont acheté leurs charges en 1691, leur communauté estoit composée de 250 maitres effectifs, comme il appert par une liste que Verdier, violon de feue Son Altesse Royale Mademoiselle, a fait imprimer, au temps de la jurande, en 1690, par Chenault, rue Saint-Severin : desquels devant recevoir quatre livres de droits annuels pour chacun, ces jurez estoient déjà surs de mille livres de rente, pour les dix-huit mille livres qu'ils ont données en premier lieu, sans l'augmentation des hautbois. Et depuis le roy, dans sa Déclaration, leur ayant accordé, moyennant douze mille livres d'augmentation (à l'exception des treize de l'Académie), tous les danseurs de Paris, qui sont au nombre de plus de huit cents, y compris lesdits hautbois, il est constant que ces jurez ont receu plus de quatre cents nouveaux maitres, à deux cents dix huit livres chacun, qui se montent à quatre vingt-sept mille deux cents livres : lesquels, joints aux deux cents cinquante anciens, composent aujourd'hui cette communauté de six cents cinquante maitres, qui leur font deux mille six cents livres de rente, laquelle somme jointe aux susdits 87,200 livres font ensemble celle de 39,200 livres, qu'ils ont retiré des 30,000 livres qu'ils ont données en deux traitez differens. Outre ce, ils ont tiré des deniers de plusieurs particuliers auxquels ils ont donné sous seing privé des permissions d'exercer, comme ils ont fait à la plupart des susdits nouveaux maitres, auxquels ils n'ont point donné de lettres, de peur que le grand nombre ne servist de témoignage de leur gain exorbitant (pages 40 et 41).

Outre les questes publiques de cent mille ménestriers qui ont esté depuis près de quatre cens ans, il n'y en a pas eu un seul qui n'ait payé, au commencement, vingt sols parisis de droits d'entrée, à l'Hopital Saint-Julien ; lesquels ont augmenté jusqu'à cinquante livres par les statuts de 1658; qui ont finalement esté réduits à vingt livres par la dernière Declaration de 1691 (page 42).

Ils n'ont pas mieux usé du spirituel. Il ne faut que voir le factum que les révérends Peres de la Doctrine chrestienne ont imprimé, en 1663, contre eux, etc. (page 42).

Ces quatre jurez ont employé ce qui concerne l'église à orner une salle pour violoner, contre l'intention des fondateurs, qui ne l'ont achetée de l'abbesse de Montmartre, aux despens des questes publiques, que pour y loger les pauvres, en ayant fait oster les marques de l'hospitalité, qui étoit un bas relief ancien au dessus de la porte, contenant Nostre Seigneur dans une nef et les mêmes figures du sceau dont il a esté parlé, pour y mettre un escriteau de bureau des maitres à danser et joueurs d'instrumens de musique; ce qui est formellement contre les Statuts, Ordonnances et Déclarations du roy, qui ne leur donnent que la qualité de maitres à danser et joueurs d'instrumens tant hauts que bas et hautbois (pages 42 et 43).

Ces quatre jurez ne bornent pas leurs vexations aux seuls musiciens de Paris, mais ils poursuivent encore ceux de Lyon, Bourges, Saint-Malo, Rouen, Caen, et autres lieux, contre la Déclaration du roy, etc. (page 44).

Par leur Requeste du 2 décembre 1694, ils ont soutenu que les organistes du roy, le Begue et Nivers, sont de leur communauté; puis ils ont dit qu'ils n'en sont pas, en leur Requeste du 19 février 1695 (page 45).

TABLE

	Pages
Préface.	1
Théatre Français	1
Théatre Italien	61
Opéra	71

A PARIS

DES PRESSES DE D. JOUAUST

Imprimeur breveté

Rue Saint-Honoré, 338

NOUVELLE COLLECTION MOLIÉRESQUE

PUBLIÉE AVEC DES NOTICES

PAR P. L. JACOB, BIBLIOPHILE

Les amateurs se rappellent le succès de la *Collection Moliéresque*, publiée par M. Paul Lacroix, et qui est épuisée depuis longtemps. Encouragé par le résultat de cette première tentative, nous avons commencé, sous le titre de *Nouvelle Collection Moliéresque,* une seconde série de pièces rares et curieuses relatives à Molière.

La nouvelle collection, publiée dans le format in-18 raisin, est tirée à 300 exemplaires sur papier vergé, plus 15 sur papier de Chine et 15 sur papier Whatman. Les prix varient suivant l'importance de chaque brochure.

On s'intéresse de plus en plus à tout ce qui concerne notre grand auteur comique, et nous ne doutons pas du bon accueil réservé à la nouvelle collection. Aussi avons-nous l'intention, quand elle sera terminée, de réimprimer la première, afin que les amateurs puissent les avoir toutes deux dans le même format.

Ce format est également celui de notre réimpression des *Pièces originales de Molière*, dont les deux *Collections Moliéresques* deviendront le complément indispensable.

Nous donnons ci-après la liste des pièces qui ont paru et de celles que nous nous proposons de publier.

Avril 1880.

EN VENTE

Oraison funèbre de Molière, par de Vizé, suivie d'un recueil de ses épitaphes, en partie inédites. . . . 4 fr.

Mélisse, tragi-comédie attribuée à Molière; d'après l'édition anonyme, sans date, imprimée vers 1658. . 6 fr.

Récit en proze et en vers de la Farce des Précieuses, par Mlle des Jardins; d'après l'édition de Paris, Guillaume de Luyne, 1660; suivie du Ballet des Précieuses. 3 50

Le Portrait du Peintre, ou la Contre-Critique de *l'Ecole des Femmes*, comédie de Boursault; d'après l'édition de Paris, Charles de Sercy, 1663 . . . . 4 fr.

Notes et documents sur l'histoire des théâtres de Paris, par Nicolas du Tralage, extraits, mis en ordre et publiés d'après le manuscrit original. . . . . 5 fr.

POUR PARAITRE A LA SUITE.

Réponse au poëme de LA GLOIRE DU VAL-DE-GRACE, *de Molière*, attribuée à Mlle Chéron; d'après les manuscrits de Tralage et l'édition de l'*Anonymiana*, 1700.

Miril et Mélicerte, pastorale héroïque de Molière, mise en vers libres et terminée par Guérin d'Etriché fils; d'après les notes de Molière (édition de Paris, P. Trabouillet, 1699).

Panégyrique de L'ECOLE DES FEMMES, ou Conversation comique sur les Œuvres de M. de Molière (par Robinet); d'après l'édition de Paris, Nicolas Pepingué, 1664.

Les Précieuses ridicules, comédie de Molière, mise en vers par le sieur de Somaize; d'après l'édition de Paris, Jean Ribou, 1660.

Le Médecin volant, comédie burlesque de Boursault, imitation de la Farce de Molière représentée sous le même titre au théâtre du Palais-Royal; d'après l'édition de Lyon, Charles Mathevet, 1666.

La Folle Querelle, ou la Critique d'*Andromaque*, comédie, par de Subligny, qui fut attribuée à Molière par J. Racine; d'après l'édition de Paris, Thomas Jolly, 1668.

Recueil de Poésies sur la mort de Molière, savoir: 1° l'Ombre de Molière, par d'Assoucy; 2° Sur la Mort imaginaire et véritable de Molière, par Polymène; 3° la Descente de l'âme de Molière dans les champs Elyzées, par Dorimond, etc.

Le Théâtre et la Troupe de Molière, extraits des gazettes en vers de Loret, de Boursault, de Subligny, de Robinet, etc. (1647-1673), classés chronologiquement et éclairés par un commentaire.

Notices biographiques de Molière, par des auteurs contemporains : Perrault, La Grange, Bayle, Bordelon, Titon du Tillet, etc.

Le Malade imaginaire, comédie meslée de musique et de danse; d'après l'édition de Cologne, Jean Sambix, 1674, texte tout différent de celui de l'édition de Paris, 1682.

Notes sur Molière et sur quelques comédiens de sa troupe; d'après les manuscrits de Tralage.

La Veuve à la mode, comédie en un acte, attribuée à de Vizé et à Molière; d'après l'édition de Paris, Jean Ribou, 1668.

Jugements contemporains sur les comédies de Molière, par de Vizé, Mme Dacier, Rapin, Bayle, Baillet, Bordelon, etc.

La Princesse d'Elide, comédie en cinq actes, toute en vers, telle qu'on la jouait sur le théâtre de la rue Guénégaud après la mort de Molière.

Vie de Molière, par Bruzen de la Martinière.

Lettres sur la vie et les ouvrages de Molière, ainsi que sur les comédiens de sa troupe, par Mlle Poisson; suivies de notes complémentaires attribuées à Boucher d'Argis.

Extraits raisonnés du Registre de La Grange sur le théâtre de Molière, depuis 1658 jusqu'en 1673.

Le Procès des Précieuses, en vers burlesques, comédie en vers par de Somaize; d'après l'édition de Paris, Jean Guignard, 1660; suivi de deux Dialogues des Précieuses, par le même.

Recueil des actes de l'état civil relatifs à Molière, à sa famille et à ses comédiens.

Relation du grand divertissement royal de Versailles, en 1668, attribuée à Molière.

L'Ombre de Molière, comédie en un acte et en prose, par Brécourt; d'après l'édition de Claude Barbin, 1674.

6786 — Paris, imprimerie Jouaust, rue Saint-Honoré, 338.